MÃE POR AMOR

FERNANDA FABRIS

MÃE POR AMOR

UMA HISTÓRIA DE AMOR E SUPERAÇÃO

1ª edição

BestSeller

Rio de Janeiro | 2025

DESIGN DE CAPA
Caio Maia

IMAGENS DE CAPA
Acervo pessoal da autora (foto)
Adaptação de obra de William Michael Harnett/
Rawpixel
Rawpixel/Rawpixel (selo postal)

PROJETO GRÁFICO
Guilherme Peres

PROJETO GRÁFICO DE ENCARTE
Caio Maia

IMAGENS DE ENCARTE
Acervo pessoal da autora (fotos)
Upklyak/Freepik (desenhos)
Resource Boy/Resource Boy (fitas adesivas transparentes)
Rawpixel/Freepik (fitas adesivas pastel e textura de pauta)
Rawpixel/Rawpixel (fitas adesivas amarelas)
Texture Labs/Texture Labs (texturas de fundo)

CIP-BRASIL. CATALOGAÇÃO NA PUBLICAÇÃO
SINDICATO NACIONAL DOS EDITORES DE LIVROS, RJ

F122m Fabris, Fernanda
Mãe por amor : uma história de amor e superação / Fernanda Fabris. - 1. ed. - Rio de Janeiro : BestSeller, 2025.

ISBN 978-65-5712-527-4

1. Maternidade. 2. Adoção. I. Título.

25-100299.0 CDD: 362.734092
CDU: 316.812.4:364-782.44

Carla Rosa Martins Gonçalves - Bibliotecária - CRB-7/4782

Texto revisado segundo o novo Acordo Ortográfico da Língua Portuguesa.

Impresso no Brasil

ISBN 978-65-5712-527-4

Dedico este livro ao meu marido, Maurício;
aos meus filhos, Natália, Emanuel, Flávio, Flávia,
Fabrício e Arthur; aos meus avós Aparecida e Antônio; aos
meus tios Sueli e Anésio, que me inspiraram na jornada
com a adoção; e aos meus pais, Andréia e Wilson.

... o amor tudo sofre, tudo crê, tudo espera, tudo suporta.

1 Coríntios 13:7

SUMÁRIO

PREFÁCIO

Escrever sobre adoção é sempre um desafio. Não porque faltem histórias, mas porque cada uma delas é única, marcada por camadas de dor e de amor que se entrelaçam. E também porque poucas pessoas se propõem a contá-las de forma humana e verdadeira.

A adoção nunca é um conto de fadas; é uma jornada que envolve muitas perdas e exige paciência, coragem e entrega para acontecer. Ao abrir este livro, o leitor será convidado não apenas a conhecer uma família, mas a mergulhar nas profundezas desse processo.

Conheci a Fernanda em 2022. Depois de me marcar em algumas de suas postagens no Instagram, começamos a conversar. Pouco depois, fizemos uma live juntas, e ali tive a oportunidade de conhecer um pouco sua trajetória. Desde aquele momento, algo se destacou: a forma como ela se apresenta sem máscaras, com uma naturalidade rara. Fernanda não romantiza, não se esconde, não tem medo de expor suas vulnerabilidades. Sua narrativa é feita de verdades: é a vivência de uma mãe real, com filhos reais, que carregam em si marcas profundas de traumas complexos. É também a história de alguém que passou por relacionamentos desafiadores, dias difíceis, conflitos que não encontram espaço nos discursos romantizados sobre adoção. Mas, acima de tudo, de alguém que não desiste e que sabe celebrar pequenas conquistas e aproveitar cada momento de afeto e alegria para construir um relacionamento sólido.

Como psicóloga especialista em adoção, tenho acompanhado centenas de famílias em suas caminhadas ao longo dos últimos anos. Posso afirmar que as construções mais sólidas são aquelas que não tentam esconder as rachaduras, mas que permitem que, pelas frestas, a luz encontre passagem. E com a Fernanda foi exatamente isso: um feixe que atravessa fragmentos e, pouco a pouco, revela outras formas, mostrando que é possível reinventar, reconstruir, recomeçar e amar mais uma vez.

Definiria Fernanda em três palavras: coragem, resiliência e amor. Coragem não de adotar, porque não se trata disso, mas de se transformar continuamente a cada desafio (e foram muitos!) e de seguir adiante mesmo quando tudo parece ruir. Resiliência para acolher seus filhos mesmo quando está despedaçada, invadida por um sentimento intenso de dor e desespero. Amor para permanecer, para oferecer segurança, para sonhar quando a realidade insiste em ser mais dura do que é possível imaginar.

Este livro não é apenas uma autobiografia. É um convite. Um convite para refletir sobre maternidade adotiva, sobre família, sobre a potência de vínculos que não nascem prontos, mas são cultivados dia após dia. Um convite para atravessar junto com Fernanda as alegrias e as dores, percebendo que, no fundo, todos nós carregamos perdas e reconstruções.

Ao abrir estas páginas, permita-se entrar de coração aberto. Leia com a mente desperta, mas também com a sensibilidade de quem sabe que está diante de uma vida que se traduz em palavras. Porque histórias como a da Fernanda não são apenas lidas. Elas são sentidas, partilhadas, linha a linha.

Não se esqueça: a adoção pode emocionar a todos, mas adotar não é para qualquer um. É para quem, como Fernanda, aceita se deixar transformar, mesmo quando tudo parece ruir. Este livro mostra por que a maternidade, quando nasce do amor e da entrega, é sempre um ato de coragem e transformação.

Renata Travain
Psicóloga especialista em adoção

Capítulo 1

UMA JORNADA EM DIREÇÃO À EMPATIA E AO CUIDADO

Eu sempre sonhei em mudar o mundo. O universo das causas sociais, em particular, sempre me encantou e pareceu a via certa a percorrer se eu quisesse fazer a diferença. À medida que cresci, minha visão sobre o terceiro setor foi amadurecendo, transformando-se em um compromisso mais sólido. Com a energia pulsante da adolescência, foi muito natural que eu me juntasse a um grupo de amigas também engajadas, era algo que fazia meu coração bater mais forte. Assim, aos 11 anos, lançamos uma campanha de arrecadação, com o objetivo de presentear as crianças de um abrigo local. Organizei tudo sem falar com meus pais, e minha mãe levou um susto quando me viu chegar em casa com tantas sacolas abarrotadas de roupas e brinquedos.

A coleta, que a princípio seria apenas em nosso condomínio, logo se estendeu para todo o bairro. Cheias de entusiasmo, batíamos de porta em porta, pedindo doações com sorrisos largos e olhos brilhantes de expectativa. Com as sacolas transbordando de generosidade, nos sentamos no chão da minha garagem, cercadas de cores e formas, para organizar a arrecadação com muito carinho. Limpamos cada brinquedo cuidadosamente, esfregando as superfícies com panos úmidos e sabão, sentindo o cheiro de limpeza encher o ar. Organizamos itens por idade, separamos o que nós pensávamos ser apropriado para cada fase e descartamos aqueles que estavam quebrados ou não tinham conserto.

Por incrível que pareça, nosso maior desafio na época foi encontrar um abrigo que ficasse próximo de onde morávamos. A internet ainda não estava tão evoluída, o acesso ainda era para poucos, por isso recorríamos às listas telefônicas. Quem diria que um dia isso pareceria tão vintage? Me lembro de folhear em vão as páginas amarelas. Procurei muito por um lugar que pudesse receber as doações, mas não encontrei. Fiquei bem triste, uma tristeza pesada, que apertava o peito.

Até que, em um dia que parecia qualquer outro, as coisas começaram a mudar. Minha mãe precisou me levar ao pronto-socorro. Eu estava com alguma gripe ou virose, não sei, mas meu nariz escorria e minha garganta arranhava como se estivesse cheia de areia. Enquanto esperávamos o atendimento, saí do hospital para pegar um pouco de ar fresco. Foi então que vi uma placa com a mensagem "Faça sua doação aqui" e o nome de uma instituição. Meus olhos se arregalaram, e senti uma onda de esperança me invadir e me aquecer de dentro para fora. Algumas crianças brincavam perto do portão, numa alegria simples e pura. Mal conseguindo conter a empolgação, voltei correndo para o hospital. Anotamos o telefone, e, no outro dia, entrei em contato com a instituição. Eles nos permitiram levar os brinquedos e fazer uma visita. Mesmo um pouco relutante, minha mãe aceitou ir comigo. Senti um nó no estômago de ansiedade e felicidade, tudo ao mesmo tempo.

Abria-se um novo capítulo de autodescoberta. Naquele momento, minhas ações começaram a refletir meus anseios mais profundos, os quais até então eu mal sabia que tinha.

* * *

Eu imaginava que a visita ao abrigo seria como nas séries de TV, tipo *Chiquititas*. Eu amava aquela novela! Era muito fã da personagem Pata e da música "Tenho um coração com buraquinhos". Para quem não está familiarizado, *Chiquititas* foi uma telenovela mexicana que foi adaptada para o Brasil. Ela retratava o dia a dia de um grupo de órfãos em uma instituição, suas aventuras e infortúnios, de forma romântica e roteirizada, com aventuras e canções que faziam meus olhos brilharem.

Quando chegamos ao abrigo de verdade, no entanto, nos deparamos com uma casa que poderia muito bem ser a minha própria, cheia de vida e barulho. Camas e brinquedos preenchiam os espaços, vozes e risadas se misturavam no ambiente como uma música alegre, e havia o cheiro de comida caseira no ar, um aroma reconfortante que me fez lembrar da cozinha de casa. As crianças ali compartilhavam não apenas recursos, mas também sonhos e esperanças. Fui recebida com curiosidade e gentileza, e, ao olhar nos olhos delas, percebi que eu estava ali para aprender tanto quanto para ajudar. Foi naquele momento que entendi que mudar o mundo começava com pequenas ações e que gestos de carinho como aqueles eram capazes de transformar não apenas um dia, mas toda uma vida.

Durante a visita ao abrigo, notei a presença de alguns familiares das crianças, o que me deixou bem chocada. Até então, eu sempre havia acreditado que quem estava em abrigo tinha sido simplesmente abandonado. Na minha visão simplista, as coisas funcionavam mais ou menos assim: a mãe não queria mais o filho, então chegava à porta do abrigo e o deixava lá, sem olhar para trás. Também imaginava que todos chegavam ali muito pequenos, ainda bebês, sem quaisquer vínculos com a família nem lembranças. Curiosa, fui até uma das funcionárias e, com meu coração acelerado, perguntei baixinho:

— Por que essas pessoas estão aqui?

Ela me olhou como quem entende a confusão e começou a explicar, com palavras que pareciam pesar no ar, que o abrigo era um local temporário onde crianças e adolescentes ficavam enquanto a Justiça avaliava se era melhor que eles retornassem às suas famílias de origem ou fossem adotados. Aquilo tudo parecia tão estranho para mim; eu nunca tinha pensado que as coisas poderiam ser complicadas daquele jeito. Então, voltei a perguntar com uma curiosidade ingênua:

— E por que a família não pode cuidar deles?

Senti um frio na espinha, como se uma verdade nua e crua estivesse prestes a ser revelada. Com uma voz suave, quase como se quisesse proteger minha inocência, a funcionária me disse que não era tão simples de explicar. Antes que eu pudesse fazer outra pergunta, um garotinho apareceu, e os braços marcados por hematomas e cicatrizes falaram por si só. Não precisei perguntar mais nada, as respostas estavam todas ali, nos olhos dele, nas marcas de uma dor que eu não podia compreender completamente. Saí de lá com o coração estilhaçado.

Essa experiência me fez refletir muito sobre a realidade das crianças em abrigos, muito mais complexa do que eu poderia imaginar. Uma cena específica ecoa na minha mente como um disco arranhado: uma garotinha pequena depositando sua confiança nos braços de minha mãe, o rosto escondido na curva da sua nuca, sussurrando o desejo desesperado de ser escolhida como sua filha. Ela não queria sair do colo de jeito nenhum, agarrando-se à minha mãe com todas as forças, como se aquele abraço pudesse ser seu passaporte para uma nova vida. Aquilo mexeu tanto comigo! Uma criança implorando para ir embora, para encontrar um lar, um lugar de amor e segurança.

Por mais que tenhamos tentado esconder nossas emoções, a sinceridade e a urgência do pedido daquela criança nos atingiram em cheio, desencadeando sentimentos indefiníveis, um turbilhão de sensações. Ela só tinha 6 anos de idade, mas suas palavras carregavam o peso de uma vida inteira de medo e desesperança.

No coração daquela casa, entre as camas e os brinquedos espalhados, havia um berço. Dentro dele, um bebê. Tão frágil, pequeno e silencioso que mal se podia ouvir sua respiração. Me aproximei, guiada pela curiosidade e pelo desejo de cuidar dele, e perguntei à funcionária se podia segurá-lo, mas ela não deixou. Como ele tinha hidrocefalia, precisava de cuidado redobrado. Ela também me explicou, com palavras carregadas de tristeza e resignação, que o bebê era soropositivo. Essa combinação espantava as famílias adotivas, como se ele carregasse consigo um estigma insuperável.

A realidade pesava sobre mim como uma manta fria, um choque de consciência que me marcou para sempre. Foi a primeira vez que ouvi o termo "criança indoável", e aquelas palavras ecoam na minha mente até hoje, deixando um gosto amargo na boca. A forma como o assunto do acolhimento era abordado em *Chiquititas* destoava completamente do que encontrei naquele abrigo. Na tela, parecia tudo tão romântico, tão cheio de esperança e finais felizes! Mas, na vida real, os olhares daquelas crianças me atingiram com uma verdade muda e tangível. Porque transcenderam o meu entendimento e me fizeram questionar muito do que eu até então julgava saber. Não foi fácil ir embora naquele dia. Com as pernas pesadas, era como se cada passo me afastasse de algo que eu devia ter feito.

O dia no abrigo foi apenas o início de uma jornada que se estenderia por toda a adolescência, moldando minha visão do mundo e meu desejo de ajudar. A compaixão e a vontade de fazer a diferença cresceram em mim como uma chama, cada dia mais forte, cada vez mais viva, até que o ativismo ganhou vida própria. E então o que começou como uma simples campanha de arrecadação de brinquedos se tornou um chamado profundo, uma vocação para entender, abraçar e defender aqueles que, muitas vezes, são marginalizados e esquecidos pela sociedade. Fiz várias outras ações em abrigos, e, a cada visita, as histórias das crianças me marcavam mais profundamente. Os olhares repletos de vulnerabilidade e esperança impactaram minha vida de maneira duradoura. São marcas que não se apagam com o tempo.

* * *

Após o ensino fundamental, embarquei numa nova etapa da minha jornada educacional, escolhendo um colégio técnico vinculado à Unicamp, em Limeira, São Paulo. A decisão de me aventurar no curso técnico de enfermagem não foi apenas uma escolha de carreira, mas algo que transformaria minha compreensão de empatia, cuidado e humanidade. No primeiro ano, minha rotina era exaustiva: eu viajava todo dia de Campinas para Limeira, pegando o ônibus por volta das 5h15, quando ainda estava escuro, e voltava para casa depois das sete da noite, acabada, com os pés doendo e a cabeça cheia. Mesmo assim, dedicava pelo menos mais duas horas para estudar, imersa nos livros e anotações enquanto lutava contra o sono, que insistia em pesar minhas pálpebras.

No segundo ano do curso, com quase 16 anos, decidi que era hora de dar um passo além e resolvi morar com duas amigas numa república. Sair de casa não foi fácil; meus pais ficaram apreensivos, mas no fim entenderam que não seria possível cumprir a carga horária do estágio obrigatório tendo que viajar todos os dias. Depois de muita pesquisa e inúmeras visitas, encontramos um local tranquilo que só hospedava meninas, uma casa grande e antiga, dividida em dois ambientes. Alugamos dois cômodos e ali vivemos, três garotas aprendendo a se virar sozinhas.

A vida na república exigia mais de nós do que apenas estudar. Tínhamos que cozinhar, limpar a casa e aprender a gerenciar nossos recursos financeiros limitados. Um dos maiores desafios era fazer compras no supermercado, um lugar onde o cheiro de frutas frescas e o som de carrinhos de compras ecoando nos corredores predominavam. Depois de pegar o essencial — arroz, feijão, macarrão, às vezes um ou outro mimo que conseguíamos encaixar no orçamento apertado —, tínhamos que carregar tudo a pé por cerca de um quilômetro e meio até nossa casa. O peso das sacolas cortava as mãos, e o suor escorria pela testa, mas momentos como aquele me fizeram valorizar ainda mais todas as pequenas coisas que minha mãe fazia por mim. Foi um período de mergulho profundo na independência e na solidariedade, um verdadeiro campo de treinamento para a vida adulta.

Então, chegou o estágio obrigatório, uma fase que trouxe uma nova camada de aprendizado e transformação. No Hospital e Maternidade Santa Casa de Limeira, entre o cheiro forte de antissépticos e o som constante dos monitores cardíacos, aprendi a verdadeira essência da enfermagem. Lá, entre fraldas e curativos, meu coração se conectou com histórias reais repletas de dor, amor, medo e esperança. Por exemplo, certa vez um presidiário chegou para atendimento com 75% do corpo queimado. A equipe de enfermagem expressava certa raiva ao falar dele, devido aos crimes graves e cruéis que o homem havia cometido. Quando me passaram o caso, a primeira coisa que disseram foi:

— Boa sorte. Vai ser um ótimo aprendizado para você!

Senti um frio percorrer minha espinha ao ouvir essas palavras. O medo e a ansiedade tomaram conta de mim. Muito assustada, fui até o quarto do paciente. O cheiro de carne queimada misturado com os produtos químicos das pomadas e os curativos era quase insuportável. Deitado no leito, o homem tinha a expressão fechada e os olhos fixos em um ponto qualquer no teto. Naquele momento, em silêncio, pedi a Deus que tirasse todos os preconceitos e medos do meu coração, para que eu pudesse atendê-lo com carinho e respeito, independentemente de quem fosse ou do que havia feito. Ali ele era meu paciente, e eu, sua cuidadora.

Cheguei perto devagar, cada passo ressoando no chão de azulejos.

— Nem fala comigo — disse ele de repente, com a voz rouca e fraca.

Fiquei quieta por alguns segundos, parada em frente ao homem, segurando a bandeja de curativos e medicamentos com as mãos trêmulas. Com o coração acelerado, respondi:

— Oi, eu sou a Fernanda e vou cuidar de você hoje.

O homem me olhou nos olhos, e vi as lágrimas começarem a rolar pelo rosto queimado. Com delicadeza, segurei na única parte da mão dele que não estava ferida, sentindo a pele fria e um pouco áspera, e falei:

— Está tudo bem, não vou te julgar.

Ele caiu no choro, e, naquele momento, percebi que estava diante de alguém que, apesar de tudo, ainda era humano. Assumi seus cuidados por quatro dias consecutivos e, nesse curto período, ouvi toda a sua história de vida. O banho e os curativos de um paciente com grandes queimaduras levam tempo e são dolorosos, um processo que exige paciência e toque suave. Passávamos boa parte da manhã juntos, entre gemidos de dor e palavras sussurradas. Vi aquele homem durão aos prantos muitas vezes enquanto ouvia sobre sua infância difícil, o lar desestruturado em que cresceu, seus erros e suas péssimas escolhas. O mais interessante é que em momento nenhum ele tentou se justificar para mim; ele apenas falava, e eu ouvia, sentindo a dor em cada palavra, em cada olhar perdido no vazio.

Esse homem também foi o primeiro paciente que vi morrer, em um desterro que chegou silenciosamente, como um sopro gelado apagando a chama de uma vela. É estranho porque, mesmo depois de tantos anos, a lembrança ainda me emociona. Chorei muito após sua partida. Cuidar dele me impactou profundamente e me mostrou que, longe da minha realidade, existia um mundo muito difícil, que eu jamais imaginaria. Foi a primeira vez que furei minha bolha e estive face a face com a verdadeira expressão da dor humana.

Durante o estágio, também tive a oportunidade de cuidar de uma mulher que havia acabado de dar à luz. Os olhinhos do bebê, um garotinho lindo, ainda se acostumavam à claridade do mundo. À medida que eu ajudava a mãe com os cuidados pós-natais básicos — trocar fraldas, dar banho, verificar os sinais vitais —, um laço especial começou a surgir entre nós. Ultrapassando o protocolo da rotina hospitalar, nossa amizade, pautada em compreensão mútua, se enraizava em um espaço de empatia e humanidade. Nos corredores silenciosos do hospital, onde o cheiro de desinfetante se misturava ao perfume suave de recém-nascidos, criamos um laço sutil e profundo.

Certo dia, enquanto a ajudava a tomar banho, notei que a paciente chorava. O vapor da água quente tinha criado uma névoa que ocultava parcialmente suas feições, mas as lágrimas eram claras, incontestes, brilhavam como pequenos cristais contra a luz. Sem pensar muito, movida pelo instinto, perguntei se estava tudo bem e se havia algo que eu pudesse fazer por ela. O silêncio que se seguiu parecia carregado de emoção. Então, a mulher se voltou para mim, e nos abraçamos ali mesmo, no meio da névoa úmida e quente. Foi um abraço longo, daqueles que parecem querer fazer o mundo parar de girar.

Com a água do chuveiro ainda caindo, a mulher desabafou sua história como quem puxa um fio do novelo de lã cheio de nós e desvios inesperados, altos e baixos, perdas e superações. Emocionada, revelou um filho mais velho, com cerca de 8 anos, que havia sido entregue para adoção ainda recém-nascido. Aquelas palavras carregavam o peso de uma experiência complexa e dolorosa, evidenciando as camadas de amor e sacrifício que só o coração de uma mãe poderia compreender. Ela tinha engravidado de seu primeiro namorado, um amor juvenil cheio de promessas e sonhos. No entanto, quando o pai da moça soube da gravidez, ficou furioso. Sentindo-se traído e desonrado, deu um ultimato: se ela não se casasse, seria colocada para fora de casa. O namorado, sem saber lidar com a situação, a abandonou, deixando claro que não assumiria a responsabilidade.

O pai cumpriu a promessa e, sem piedade, a colocou na rua, grávida de cinco meses. Desamparada e sem rumo, a jovem vagou pela cidade, dormindo por semanas em um banco de praça, um lugar onde o frio da noite e a dureza da madeira eram seus únicos companheiros. Ela passou muita fome e sede, e todos os conhecidos na cidade, que um dia foram seus amigos e vizinhos, passaram a ignorá-la. Ninguém queria se associar à sua figura, com medo do julgamento alheio. Seus olhos, sempre atentos, observavam o movimento das ruas, na esperança de encontrar um rosto amigável, mas cada dia a esperança diminuía.

Um tempo depois, sua mãe, movida por um amor que nunca morreu, foi atrás dela e disse que seu pai estava disposto a recebê-la de volta, desde que o bebê fosse entregue para adoção. Ela recusou: estava determinada a proteger o pequeno ser que crescia dentro de si. Mas a vida nas ruas era implacável, e, quando a mulher adoeceu, seu corpo enfraquecido pelo frio e pela fome, ela entendeu que não teria condições de cuidar daquele bebê como ele merecia. Com o coração partido, aceitou a oferta do pai e entregou a criança.

O que mais me marcou nessa história foi a revelação de que, mesmo após a adoção, ela nunca deixou de procurar pelo filho perdido. Sabia onde a criança morava e passava frequentemente em frente à casa da família adotiva, apenas para vê-lo de longe. Lágrimas corriam em seu rosto enquanto falava sobre como o via brincando no quintal, sorrindo e correndo. Nunca se aproximava ou tentava conversar, porque não queria causar nenhum sofrimento ao garotinho que levava uma vida tão feliz. Sentia-se uma sombra, observando de longe, protegendo sem ser vista, amando sem ser reconhecida.

Com apenas 17 anos, eu não tinha respostas para as dores que ela carregava, mas tinha empatia para ouvir. Segurei sua mão, ainda molhada do banho, e olhei nos olhos dela, oferecendo a única coisa que eu poderia: um ouvido atento e um coração solidário. Não precisei dizer nada. Apenas estar ali, presente, foi o bastante. Às vezes, o simples ato de ouvir e estar presente é o maior consolo que alguém pode oferecer.

Anos depois da separação desse primeiro filho, a vida, com seu jeito misterioso de criar novos começos, trouxe à mulher um novo amor e uma nova esperança. Ela se casou com um homem íntegro, que a amava e a respeitava, e o bebê que naquele momento segurava nos braços era o símbolo desse novo capítulo, um sinal de que a vida sempre encontra uma maneira de florescer, mesmo nos terrenos mais áridos. Enquanto ouvia sua história, meu coração se encheu de tristeza e esperança, e eu soube que jamais esqueceria aquele momento.

No último ano de estágio, mergulhei em duas campanhas de vacinação que deixaram uma marca em minha experiência profissional. Uma delas em particular mexeu tanto comigo que jamais esqueci. Nossa missão era aplicar uma vacina específica, mas percebemos que muitas crianças chegavam com a carteirinha de vacinação desatualizada, necessitando de três ou quatro doses. Para nossa surpresa, a maioria dessas crianças não vinha acompanhada por adultos — elas cuidavam umas das outras, uma visão que tocava profundamente a todos da equipe.

Me lembro muito bem de uma garotinha de apenas 7 anos, com os cabelos emaranhados e os olhos esbugalhados, carregando um bebê de 4 meses no colo. Ao seu lado estavam mais dois irmãos, todos com a vacinação incompleta. A imagem era de um esforço admirável e doloroso ao mesmo tempo, com o peso do bebê e das responsabilidades claramente marcado em seu rostinho. Me aproximei e perguntei:

— Onde está sua mamãe?

Ela me respondeu com uma doçura triste e resignada:

— Está em casa dormindo. Ela voltou muito tarde, foi passear à noite com o namorado dela.

Meu coração se partiu ao ouvir isso. Era um choque ver tantas situações similares em que crianças eram deixadas a cuidar de outras, sem a presença de um responsável. Mesmo sem adultos por perto, vacinamos todas as que apareceram com a carteirinha em mãos, sentindo um misto de alívio e impotência.

A coordenadora da campanha, com um olhar determinado e cansado, nos disse:

— Estamos em um dos bairros mais vulneráveis da cidade. Essa pode ser a única chance que muitas dessas crianças vão ter de ser vacinadas. Vamos fazer o nosso melhor por elas.

Algumas crianças nos pediam um lanche, com a fome estampada no rosto. Era difícil não se abalar diante daquela realidade. Cada rosto, cada olhar ansioso ou triste ficavam gravados em minha memória, como uma pintura de cores fortes e sombrias. A experiência foi um espelho que refletia a dura verdade sobre o que significa ser uma criança em situação de vulnerabilidade, e eu me sentia impotente e triste ao testemunhar tudo aquilo de perto.

Ao longo da minha jornada de cuidados, histórias como aquela se tornaram uma fonte constante de inspiração e reflexão. Nas noites silenciosas, quando a escuridão envolvia minha casa e eu estava sozinha com meus pensamentos, relembrava que a enfermagem não se limita a curativos e medicações. A profissão requer, acima de tudo, entender e apoiar cada paciente, reconhecer suas lutas e seus desafios, e oferecer um pouco de humanidade e compreensão em meio à adversidade.

Capítulo 2

A CONSTRUÇÃO DA FAMÍLIA E A JORNADA DA MATERNIDADE

Eu e Maurício, meu marido, nos conhecemos ainda muito jovens. Eu tinha apenas 11 anos. Maurício era um amigo muito protetor, e, embora sempre o tivesse achado bonito, nunca tive nenhum tipo de interesse nele; pelo contrário, eu o admirava por seu caráter e compromisso com Deus. Ele era uma referência para mim. Com o passar do tempo, nossa amizade só cresceu.

Quando completei 15 anos, trabalhamos juntos em um congresso para jovens cristãos que reuniu pessoas de toda a América Latina. Ficamos responsáveis pela alimentação dos participantes. Entre panelas e risadas, fizemos novas amizades e vivemos momentos inesquecíveis. Meus encantos adolescentes certamente não passaram despercebidos, e a atenção dos garotos logo surgiu, rendendo muitas risadas. Não vou mentir: fiz sucesso nesse evento (risos).

Maurício era meu amigo de confiança, e nesse período senti que seus olhares protetores se intensificaram. Um jovem chileno se apaixonou por mim e vivia me elogiando. Ele era o primeiro a chegar no refeitório e o último a sair. Também escreveu vários poemas e cantava músicas para mim. Trocamos cartas por vários meses após o evento. Eu o achava muito engraçado e fofo, mas confesso que tinha dificuldade em entender o que dizia.

A vida seguiu seu curso, e um tempo depois Maurício decidiu terminar um relacionamento que mantinha na época. Mais ou menos um ano depois, como em um passe de mágica, algo mudou em mim. Minha percepção sobre ele se transformou da noite para o dia, e meu amigo de infância passou a ter um brilho diferente, especial. "Uau, ele é realmente um gato!", me lembro de pensar.

Nossa amizade, porém, permaneceu inabalável, e ele continuou sendo muito cuidadoso comigo. Nessa época, eu já morava em Limeira e retornava toda sexta para a casa dos meus pais. Maurício trabalhava bem próximo ao local onde o ônibus parava e fazia questão de me esperar e acompanhar até meus pais chegarem.

No início dos anos 2000, com o começo do acesso a muitas modernidades digitais, meus pais me presentearam com um celular. Certo dia, eu e uma amiga estávamos nos preparando para cantar no casamento de uma colega. A cerimônia aconteceu tranquila, eu cantei e fui para o fundo da igreja, onde havia uma escada que dava acesso ao subsolo. Nesse momento, Maurício veio até mim com um sorriso enorme e me entregou um papel com um número anotado.

— Fer, eu estou indo para um congresso de missões em Minas Gerais. Esse é o número do meu celular. Me liga, se quiser.

Ele começou a descer a escada, e eu fiquei muda, sem entender nada. Lembro de pensar: "Uai, Maurício está ficando doido? Pra que eu vou querer ligar?" (risos).

Algumas semanas se passaram, e, uma vez que eu não tomei iniciativa, ele começou a me ligar com frequência, o que a princípio me deixou intrigada. O clima estava diferente entre nós, e, como uma semente germinando, a percepção de que algo estava mudando começou a tomar forma em minha mente.

Pouco tempo depois, começamos a dar aula juntos para os adolescentes da nossa igreja. Organizamos vários passeios com a turma e nos tornamos superparceiros nessa missão. Numa dessas ocasiões, fomos a um parque em Cabreúva, São Paulo, um local lindo e pouco conhecido, em meio à natureza. Após brincarmos bastante de futebol e vôlei com o grupo de jovens, nós dois nos sentamos no chão e começamos a conversar. Era tudo muito estranho; a conversa era leve, e a gente sorria feito bobos. Naquele dia, me questionei pela primeira vez: "Será que estou apaixonada pelo Maurício?"

Não comentei o assunto com ninguém e confesso que cheguei a lutar contra esse sentimento. Não queria me apaixonar pelo meu melhor amigo. Tinha medo de que isso destruísse a nossa amizade ou de que talvez eu estivesse confundindo as coisas. Alguns meses se passaram, e cada vez mais a gente se aproximava. Certa noite, enquanto participávamos de um evento com os jovens da igreja, surgiu uma conversa sobre como cada um reagia ao descobrir que alguém gostava de você. Maurício respondeu na lata:

— Me afasto para não dar esperanças.

Ouvir aquilo foi como um soco no estômago. Depois daquela conversa, decidi que meus sentimentos por ele seriam mantidos em segredo, pois não podia correr o risco de perder meu amigo.

Eu trabalhava em vários ministérios da igreja e, aos domingos, era responsável pelo louvor infantil. Certo domingo, cheguei bem mais cedo para ter um tempo com Deus e fui muito sincera em minha oração: disse a Ele o quanto queria um namorado. Me lembro de começar a descrever como imaginava esse rapaz:

— Deus, quero encontrar alguém que seja meu único namorado. Gostaria que fosse um homem de fé, com o coração bom, e que me apoiasse nos meus sonhos loucos. Seria muito bom se ele fosse bonito também.

Nessa hora, dei risada de mim mesma e abri os olhos. Adivinhem só quem apareceu bem na minha frente? Sim, ele mesmo: Maurício Fabris, sorrindo.

Depois desse susto, me lembro como se fosse hoje de dizer a Deus:

— Senhor, que brincadeira é essa? Não quero sofrer por um amor não correspondido.

Passadas mais algumas semanas, fomos comemorar o aniversário de cinquenta anos de casados dos pais de um amigo nosso. Nesse dia, eu e Maurício nos sentamos lado a lado, o que não costumávamos fazer. A gente ria tanto… Eu olhava para ele e queria abrir o jogo, mas tinha muito medo de não ser recíproco. Até que aconteceu. No dia seguinte, Maurício declarou seus sentimentos por mim. Mas preparem-se para a pior declaração do mundo (risos).

Após o culto, ele me chamou numa sala para conversar e disse para eu avisar aos meus pais que não se preocupassem, porque ele me acompanharia até em casa. Fui até minha mãe e avisei:

— Mãe, depois eu volto. O Maurício vai me levar, tudo bem?

Minha mãe riu.

— Agora o Maurício fica te levando de um lado para o outro… Entendi.

Fiquei sem entender nada e me despedi. Na minha cabeça, a conversa teria a ver com as nossas atividades na igreja. Quando entramos na sala, Maurício encostou a porta e, visivelmente nervoso, começou a deslizar de um lado para o outro uma régua que estava em cima da mesa, o que já estava me deixando irritada.

— Eu sei que você está gostando de mim. Eu também… Vamos orar para pedir a direção de Deus?

Olhei para ele, surpresa, e pensei: "Ele acabou de falar que eu gosto dele, é isso mesmo?"

O tom confiante e direto foi tão inesperado que eu quase caí no riso. Foi uma declaração no mínimo diferente, e uma amiga que estava na sala ao lado e ouviu tudo simplesmente deu uma gargalhada. Fiquei tão perplexa na hora que só consegui fazer que sim com a cabeça.

Depois de orarmos, ele me levou para casa de moto, eu toda sem graça. Quando ele saiu, comecei a pular de felicidade pelo condomínio e a cantar. Cheguei toda eufórica, querendo muito contar tudo para minha mãe. E, quando abri a porta, adivinha quem estava lá? Um amigo do meu pai de apenas 20 anos que era apaixonado por mim e queria muito me namorar (risos). Que situação...

Entrei, cumprimentei o rapaz e me sentei ao lado da minha mãe. Não conseguia disfarçar o quanto estava feliz e mal consegui dar atenção a ele. Quando contei sobre a declaração do Maurício, ela me disse:

— Sério? Filha, você precisava ficar mais esperta. Isso estava na cara.

Eu me senti uma piada.

Nós oramos por mais ou menos um mês, pedindo a Deus que cuidasse de tudo e fortalecesse o nosso amor. Passamos esse período até sem nos tocar. A única diferença foi que ele se tornou minha carona oficial para os passeios e começou a me telefonar com mais frequência.

Numa quinta-feira qualquer, por volta da uma da tarde, eu estava no ônibus, a caminho do colégio, exausta após mais um dia de estágio, quando Maurício me ligou. A gente se falou muito brevemente, e ele pediu a permissão dos meus pais para me visitar no dia seguinte, depois que eu chegasse de Limeira.

Nem consegui me concentrar no estágio e nos estudos. Estava aflita, não parava de pensar no motivo pelo qual ele poderia querer ir à minha casa, pois isso não era costume. Quando o interfone tocou, meu coração parecia que ia sair pela boca. Ele estava de moto, estacionou e me recebeu com um beijo no rosto. Nós nos sentamos na porta e conversamos por umas quatro horas. Até que ele me olhou nos olhos e perguntou:

— Namora comigo?

Respondi toda sorridente:

— Sim!

Ele pediu permissão para me beijar, e foi assim que, no dia 30 de agosto de 2003, começamos o nosso caminho juntos. Eu, aos 16 anos, e ele, aos 21. Desde aquele primeiro beijo, tive certeza de que me casaria com o Maurício. No dia seguinte, ele voltou lá em casa e pediu autorização para namorarmos. Meu pai achou tudo supercafona!

Movidos pela empolgação da juventude e da paixão, acabamos noivando um ano depois. Lembra aquela oração sincera que fiz a Deus? Pois bem, Ele me atendeu exatamente como pedi: nossos corações estavam alinhados em muitos aspectos. Pouco antes de nos casarmos, decidi compartilhar com Maurício meu desejo de adotar uma criança. Eu esperava uma reação negativa, mas, para minha surpresa, ele acolheu a ideia de braços abertos. Fiquei encantada com sua receptividade e com a forma que o nosso sonho aos poucos tomava. Maurício me contou que gostaria de ser pai de ambas as formas, biológica e adotiva. Naquele dia, então, fizemos planos e começamos a vislumbrar a nossa família. Combinamos que teríamos primeiro um filho biológico e, quando ele completasse 11 anos, adotaríamos uma criança de idade parecida.

Com um ano e oito meses de relacionamento, a gente se casou. Compramos um apartamento ainda na planta e juntamos cada centavo que tínhamos para construir uma vida juntos. Ao dar esse passo com apenas 18 anos, abri mão temporariamente do sonho de frequentar a universidade, pois precisava ajudar com as despesas domésticas. Arranjei um trabalho como técnica de enfermagem, mas minha vontade de continuar estudando nunca desapareceu. Eu sabia que ainda havia um grande sonho a realizar: o doutorado.

Meu coração pulsava com um desejo ardente de cuidar, nutrir, ser maternal. Sempre fui aquela amiga que está pronta para ouvir, apoiar e dar conselhos quando necessário, esse instinto guiava minha jornada. Após celebrar nosso primeiro ano de casamento, eu e meu marido decidimos embarcar na emocionante jornada de conceber um filho.

Eu estava cheia de certezas e otimismo, acreditando que, por ser jovem ainda, o processo seria rápido e tranquilo. Comprei as vitaminas recomendadas pelos médicos, fiz exames, abrimos uma poupança para o enxoval e estávamos confiantes de que, em poucos meses, nosso lar seria abençoado com a chegada de uma nova vida. Como uma planejadora nata, cada detalhe estava meticulosamente calculado: móveis para o quarto do bebê, enxoval em preparação e até pacotes de fraldas já adquiridos. Eu estava no controle — pelo menos era o que eu achava.

A rotina mensal de ansiedade começou quando minha menstruação teimava em atrasar. Meu ciclo era caótico e cada vez trazia consigo uma nova onda de incertezas. Passados seis meses de tentativas, busquei orientação médica novamente e, para minha surpresa, descobri que tinha ovários micropolicísticos. A recomendação, na época, foi retomar o uso de anticoncepcionais orais — um golpe duro nos meus sonhos, mas não era o fim da linha. A frustração e a esperança continuaram a me impulsionar. Após uma pausa de seis meses, refiz o ultrassom e, como os cistos haviam sumido, voltamos a tentar.

Contudo, o tempo se alongava, os meses se estendiam, e minha ansiedade só crescia. Quando completamos um ano sem sucesso, refiz meus exames, e Maurício foi ao urologista. Para nossa surpresa, todos os resultados estavam ótimos, e não havia nada que justificasse a nossa dificuldade de engravidar. Foi então que começamos a ouvir dos médicos uma frase que nos feriria por anos:

— Calma, logo vocês conseguem. É a ansiedade que está atrapalhando. Relaxem, o bebê vai vir.

Eu não estava preparada para lidar com aquela avalanche de emoções. Como assim, uma jovem no auge da fertilidade, aos 19 anos, não consegue engravidar? Estávamos havia quase dois anos tentando, e a pressão dos amigos e da família começou a se intensificar: "Quando vem o bebê? Eu quero um netinho."

Em 2007, a depressão bateu à minha porta pela primeira vez. As cobranças no trabalho se misturavam à angústia de não engravidar, uma tempestade que eu tentava esconder a todo custo. Buscar ajuda profissional parecia fora de questão; eu queria era um bebê, não remédios psiquiátricos.

Na tentativa de lidar com a frustração, comecei a inventar distrações. Dividia meu tempo entre os estudos e a busca pela gravidez, mas a dor só aumentava mês a mês. Bastavam alguns dias de atraso da menstruação para me convencer de que estava grávida. Em certa ocasião, após quase um mês de atraso — além de muito sono, dores, aumento nas mamas e enjoos matinais —, fui ao hospital. Tinha certeza de que dessa vez havíamos conseguido e nem quis fazer primeiro o teste de farmácia. Meu coração batia tão forte que mal conseguia conter o sorriso. Porém, enquanto aguardava o resultado na sala de espera, minha menstruação chegou. E, com ela, uma onda de lágrimas que eu não fui capaz de conter. Infelizmente, essa situação se repetiu muitas vezes.

Os anos passaram, e mudei de médico diversas vezes, buscando respostas para o que parecia um mistério. Os especialistas sempre me tranquilizavam com as mesmas palavras:

— Você vai conseguir.

Mas a verdade é que, a cada profissional que consultava, a ferida crescia. E assim, durante 11 longos anos, essa dança de esperanças e decepções seguiu seu curso. O relógio avançava, minha paciência era colocada à prova, mas meu desejo de ser mãe permanecia incansável.

O mais estranho é que, durante essa época, eu estava tão decidida a engravidar que, mesmo tendo certeza de que um dia seria mãe adotiva, entrar na fila de adoção não era uma opção. Demorei anos para entender o motivo disso, o que me levou a sofrer por bastante tempo. Não contávamos para as pessoas que estávamos tentando engravidar; apenas meus pais, sogros, avós e as avós do Maurício sabiam. Eu não conseguia tocar no assunto sem chorar, por isso evitava a todo custo.

Muitas amigas e familiares engravidaram nesse período. Era difícil lidar com cada novo anúncio de gravidez. Ainda nos primeiros anos de tentativas, era época de Natal quando vó Nilza, avó materna do Maurício, chegou pertinho da gente com uma caixinha vermelha e disse:

— Esse presente é para o meu bisnetinho que em breve vai chegar.

Ainda me lembro da emoção daquele momento. Emocionada, abri a caixinha e encontrei um lindo par de sapatinhos brancos. Imaginei os pezinhos do nosso filho neles e guardei os sapatinhos por 13 anos, chorando muitas e muitas vezes com ele nas mãos.

Capítulo 3

ENFRENTANDO AS SOMBRAS DA SAÚDE

O ano de 2010 se desenrolou como um capítulo repleto de desafios e me fez mergulhar em um turbilhão de emoções que jamais poderiam ter sido previstas. Eu cursava o terceiro semestre da graduação em enfermagem, tinha um excelente emprego na área, e tudo parecia muito bem. No entanto, a frustração de ainda não ser mãe me machucava, e eu tentava a todo custo não tocar no assunto. Minha vida já havia sido marcada por alguns episódios de depressão, mas, naquele ano, a jornada tomou um rumo mais sombrio e inesperado, entrelaçando-se com uma doença neurológica que me levou à cadeira de rodas.

Já fazia alguns anos que eu sofria com fortes dores de cabeça. Minha família paterna inteira tem histórico de enxaqueca — presenciei várias vezes meu pai chegando do trabalho com muita dor, tomando um analgésico e indo repousar no quarto escuro. Durante a adolescência, tive algumas crises, mas elas geralmente passavam com medicação. Contudo, a partir de 2005, essas dores foram se tornando mais frequentes e intensas.

Me consultei com um neurologista, fiz vários exames, e, como já esperava, o diagnóstico era o mesmo: enxaqueca. Tentei vários tratamentos, mas a dor só aumentava, e eu precisava ir com frequência ao pronto-socorro. Depois de um ano, as crises pioraram muito, e vira e mexe eu era internada para tomar medicamentos mais fortes. Fiquei cinco anos sem um diagnóstico que justificasse tamanha dor, até que entrei numa crise fortíssima, que durou três meses ininterruptos. Isso mesmo: eu sentia dor de cabeça 24 horas por dia, algo totalmente incapacitante e desesperador.

O resultado disso foi que minha serotonina despencou, me empurrando para o abismo da depressão grave e da síndrome do pânico. Acabei internada por 11 dias e me lembro de estar deitada no leito do hospital e começar a tremer muito, tomada por um medo indescritível. Cada ônibus que passava lá fora me deixava desesperada. Ainda hoje é difícil colocar em palavras, mas era algo muito próximo ao terror. Os médicos ficaram aflitos com a evolução do quadro e, apesar de eu não ter direito a acompanhante, autorizaram que meus familiares ficassem ao meu lado 24 horas por dia. Fiz muitos exames, mas nada explicava os sintomas.

Dr. Cesar, o médico mais humano e respeitoso que tive a honra de conhecer, fazia parte da equipe de neurologistas que estava cuidando do meu caso. Toda vez que ele ia me visitar, falava:

— Calma, Fernanda. Eu vou descobrir o que você tem. Não vou descansar até entender.

Alguns dias após a internação, em um sábado à tarde, o Dr. Cesar abriu a porta do quarto com um sorriso no rosto.

— Descobri o que você tem — disse ele, muito empolgado. — Você vai ser curada. Acabou! Acabou!

Eu mal me contive de tanta felicidade.

Ele então pediu ao Maurício que o acompanhasse até o corredor e contou que, buscando na literatura, encontrou casos como o meu e que acreditava que eu tinha pseudotumor cerebral, uma doença neurológica benigna e rara. Mesmo trabalhando na área, eu nunca tinha ouvido falar naquilo. Segundo meu médico, o diagnóstico era dado principalmente por sinais clínicos, e era comum que os exames de imagem não mostrassem alterações. O tratamento era simples, e eu poderia começar naquele dia mesmo.

O único problema era que os outros médicos da equipe estavam na dúvida sobre o diagnóstico, pois aquela doença ainda era muito pouco estudada e compreendida pela medicina. Mesmo assim, não pensamos duas vezes e aceitamos o tratamento. Dr. Cesar passou a me monitorar mais de perto; às vezes, ele vinha tarde da noite, quando eu já estava dormindo, mas não deixava de me ver. Pouco tempo depois, a dor começou a dar trégua, e recebi alta.

Mas, infelizmente, o alívio da dor não me livrou da piora no quadro depressivo. Meu corpo minguou, perdi 12 quilos em dois meses, e a vida se tornou uma nebulosa de lágrimas incontroláveis, desesperança e isolamento. Não havia espaço para alegria nem para necessidades básicas como comer e tomar banho. Eu estava à deriva, à mercê de uma tempestade interna. O quadro era muito grave, e levaria tempo até que os níveis de serotonina voltassem ao normal, tanto é que o psiquiatra que me atendeu nesse período recomendou que eu fosse internada em um hospital psiquiátrico. Maurício conta que a princípio se opôs a essa ideia e questionou se eu não poderia ser tratada em casa, mas, para isso, eu teria que me dopar com vários medicamentos por um tempo, pois o quadro em que me encontrava representava risco de suicídio.

Tenho poucas lembranças desse período do tratamento. A maioria das coisas que contarei a seguir me foi relatada pela minha família.

Meses de sofrimento se estenderam, e eu vagava entre momentos de sedação e realidade, sob constante supervisão. Maurício me levou até a faculdade para trancar o curso de enfermagem, e, na volta para casa, tentei me jogar da moto em movimento. Ele ficou desesperado, não me reconhecia mais. Meu corpo se desmontava por inteiro: o cabelo caía, as unhas e os dentes quebravam, o nível de desidratação era altíssimo. Munido de muita força e amor, Maurício lutava pela minha sobrevivência e tentava fazer com que eu me alimentasse, mesmo que o enjoo das medicações quase sempre me fizesse rejeitar a comida.

O medo e as alucinações me cercavam. Os efeitos colaterais prolongados minavam minha memória, provocavam tremores incessantes e roubavam minha capacidade de concentração. Com o tempo, as medicações que deviam me ajudar acabaram causando danos significativos. Eu já não conseguia me equilibrar e sentia fortes dores nas pernas, a ponto de não aguentar ficar de pé, então passei a me locomover de cadeira de rodas.

Certa noite, acordei aos prantos, com muita dor em todo o corpo. Essa é uma das poucas lembranças que tenho desse período. Exausto, Maurício disse que me levaria ao médico no dia seguinte, mas não preguei os olhos. Pela manhã, ele me deixou na casa dos meus pais, pois precisava trabalhar, e pediu que minha mãe me levasse ao atendimento. Fomos ao hospital onde eu trabalhava e, chegando lá, meus colegas não me reconheceram de primeira. Me levaram para um leito e me largaram lá. Depois, ouvi a equipe de enfermagem e os médicos de plantão conversando entre si que tinham pena de mim, porque, além de depressiva, eu estava viciada em analgésicos. Enquanto escrevo estas linhas, consigo sentir a exata tristeza que me invadiu naquele momento.

Chorando sem parar, comecei a questionar a Deus qual era o propósito de estar passando por tudo aquilo. Fiquei um tempão esperando atendimento, até que um médico que me conhecia havia anos apareceu na porta do quarto e disse:

— Fer? Como assim? O que aconteceu com você? Você está irreconhecível!

— Estou com muita dor, mas eles não acreditam em mim! — respondi, em prantos.

— Eu acredito em você! Dá para ver nos seus olhos.

Muito bravo, ele saiu do quarto e perguntou por que ninguém tinha me atendido ainda. Estava de plantão naquele dia, mas, por ser cardiologista, um caso como o meu não passava por ele. Ouvi um burburinho, até que alguém falou:

— Chama o médico dela.

Alguns minutos depois, o próprio cardiologista retornou e me avisou que, mesmo sendo de outra especialidade, ia assumir meu caso enquanto tentava contato com o Dr. Cesar. Pediu que me dessem remédio na veia, o que foi bem difícil, porque eu estava muito desidratada e pesando apenas 45 quilos.

Descobrimos que o Dr. Cesar estava fora do Brasil naquele dia, então outro neurologista teve que me avaliar. Com muita dificuldade, fui andando até a sala dele acompanhada pelo Maurício, que nesse momento já tinha chegado. O especialista comentou que fez parte da equipe que me atendeu na minha última internação e disse que não concordava com o diagnóstico sugerido pelo Dr. Cesar. Na hora, pensei: "Pronto, ele também não vai acreditar na dor que eu tenho."

Sentada na maca, aguardei enquanto o médico fazia testes. Quando bateu o martelinho no meu joelho, ficou assustado — meu corpo não respondia aos estímulos. Com os olhos aflitos, perguntou como era a dor e quais medicações eu estava tomando.

— É a pior dor que já senti na minha vida — respondi. — Só de sentir esse tecido na minha pele é insuportável.

— E a cabeça, não dói?

Falei que não e que, desde que havia começado o tratamento indicado pelo Dr. Cesar, não tinha tido mais crises de enxaqueca.

— Quais são as medicações? — perguntou ele, surpreso.

Eu não sabia exatamente quais eram, pois tomava várias por dia. Maurício então explicou que, após a internação, eu tinha desenvolvido depressão grave e síndrome do pânico, e deu o nome e a dose de cada remédio indicado pelo psiquiatra. O cardiologista ficou assustado. Uma das medicações estava muito acima da dose máxima indicada e, provavelmente, estava causando um processo inflamatório nos meus nervos. A dor excruciante que eu sentia tinha causa neural. Fiquei quieta enquanto ele falava, tentando assimilar o que estava acontecendo. Ao fim da consulta, disse:

— Não quero tomar mais nenhum remédio.

Ele avisou que não era seguro parar com todas as medicações e pediu que eu conversasse com meu psiquiatra. Confesso que ignorei a orientação. Eu estava vivendo um pesadelo e só queria voltar a ter o mínimo de consciência, me reencontrar. Então larguei a maioria dos remédios. A abstinência piorou muito o tremor e a falta de equilíbrio, mas, em poucos dias, a disposição havia retornado. Comecei a fazer bordados e artesanatos; meu amado avô me levava de um lugar para o outro para comprar materiais e fazer cursos. Aquilo me distraía e me ajudava a me reconectar comigo mesma. Mais alguns dias, e a minha consciência foi se restabelecendo, mas, como sequela do excesso de medicações, perdi a memória recente.

Seis meses após o início da depressão, por determinação do INSS, voltei ao trabalho. No entanto, a enfermagem, que antes era minha paixão, estava claramente fora de cogitação naquele novo cenário. Não conseguia lembrar como executar técnicas básicas e rotineiras. Meus colegas não acreditavam nas minhas dificuldades e me acusavam de querer me aproveitar da situação. Como eu tremia muito, os pacientes ficavam assustados e não queriam ser atendidos por mim. Foi tão difícil vivenciar tudo isso! Eu, que antes conseguia assumir inúmeras funções, fui reduzida a "depressiva" e "problemática". Foi um golpe duro na minha autoestima, pois trabalhar naquele hospital era um sonho meu. Com pesar, abandonei a enfermagem, mergulhando em um vácuo de incertezas.

Pouco a pouco, comecei a explorar novos sonhos e entrei em um cursinho de vestibular. A falta de humanidade de alguns profissionais que me atenderam durante a doença me impactou tão profundamente que decidi que me tornaria médica e ajudaria pessoas com dores crônicas. O estudo se tornou minha bússola, tanto que eu dedicava de 10 a 12 horas por dia para isso, mesmo com a memória bastante fragmentada. Percebi que acompanhar o que os professores diziam em sala de aula era mais difícil para mim do que tentar aprender sozinha. Por isso, poucas semanas após iniciar o cursinho, em vez de assistir às aulas, eu passava meu tempo na sala de estudos. Foi um período muito desafiador. Eu simplesmente não conseguia guardar nada na cabeça. Mas, mesmo indo mal nos simulados, não desisti.

Estar fora do ambiente hospitalar estava me fazendo tão bem que decidi mudar de curso. Comecei a sonhar com o caminho da pesquisa clínica, em seguir a carreira acadêmica, e foi assim que a biologia surgiu na minha vida. As consequências amargas do meu tratamento perduraram por muito tempo, mas minha determinação se ergueu como um farol. Estava decidida a provar a mim mesma que as adversidades não definiriam o meu destino. Lutei contra a sombra da minha própria imagem negativa, encarando o espelho da minha força interior. Apesar da dificuldade de reter informações por mais de um dia, eu orei, acreditei e enfrentei os vestibulares de várias universidades pelo Brasil. Estudei, me dediquei e não desisti.

O resultado foi um tapa na cara das minhas próprias dúvidas: fui aprovada em quatro grandes universidades públicas. Escolhi o curso de biologia na Unicamp e mirei um futuro que estava, finalmente, começando a tomar forma. Durante todo o tempo em que estive impossibilitada pela doença, deixei de focar na maternidade. Acreditava que a depressão era totalmente causada pelo desequilíbrio químico e pelos níveis de serotonina no corpo, mas a verdade é que a dor latente escondida em meu coração estava reforçando tudo.

Ao refletir sobre os eventos que moldaram a minha vida em 2010, percebo que cada desafio, cada lágrima e cada vitória foram fundamentais para minha transformação. A luta contra a dor e a escuridão não apenas desnudou minhas fragilidades, como também revelou uma resiliência que eu desconhecia. Com a escolha de um novo caminho na biologia, um futuro pleno se descortinava à minha frente, repleto de possibilidades e sonhos que ressoavam com muita intensidade. A maternidade, antes um eco distante, começou a ganhar contornos mais claros. Eu estava prestes a embarcar numa nova jornada, com o coração aberto e a determinação renovada, ciente de que, mesmo nas tempestades mais intensas, a resiliência é a luz que nos leva adiante, iluminando o caminho para o que está por vir.

Capítulo 4

REENCONTRANDO SONHOS

Sempre sonhei com o doutorado. As adversidades tinham me feito adiar esse sonho por um tempo, mas ele continuava vibrante dentro de mim, e na Unicamp senti que finalmente poderia revivê-lo. Eu estava muito empolgada para buscar um orientador e começar na iniciação científica, mas, naquele momento, ainda estava em um processo de autodescoberta, lidando com os efeitos residuais do tratamento que havia enfrentado. Paralelamente, as finanças em casa estavam apertadas, e isso me levou a tomar a decisão de voltar a trabalhar como técnica em enfermagem. Consegui um emprego incrível em um hospital infantil especializado em câncer e doenças raras. Trabalhava muito durante o dia e mergulhava nos estudos à noite. Embora a rotina fosse exaustiva, eu estava muito feliz e realizada.

Certo dia, enquanto cuidava de dois irmãos que sofriam de doença falciforme, tive uma conversa inesperada com o pai deles. Apesar de aquela família enfrentar inúmeros desafios financeiros, o homem faltava constantemente ao trabalho para cuidar dos filhos. As crianças precisavam de atenção constante e passavam mais tempo no hospital do que na própria casa, o que era um fardo imenso para todos. Em um momento de empatia, comentei com aquele homem que eu estava estudando na Unicamp e que sonhava em me tornar pesquisadora. De repente, ele se aproximou de mim e, com lágrimas nos olhos, me fez um pedido desesperado:

— Por favor, se você for pesquisar, pesquise sobre a doença dos meus filhos. Eles não merecem sofrer assim.

Aquelas palavras ecoaram profundamente em mim e me despertaram para um chamado: eu queria fazer a diferença na vida de pacientes como aqueles dois meninos. Pesquisar e ajudar crianças que enfrentam desafios semelhantes se tornou não apenas um desejo, mas uma missão de vida, o impulso de que eu precisava para buscar um orientador e começar enfim a iniciação científica. Retomei as buscas, e logo o nome da Dra. Nicola surgiu como uma resposta clara e inspiradora. Poucos meses depois, larguei a enfermagem de vez e comecei a procurar um estágio na minha área de formação. Com a iniciação científica, mergulhei de cabeça nos estudos, com uma determinação renovada. Nos dois últimos anos da graduação, tive a oportunidade de apresentar meu trabalho em congressos tanto no Brasil quanto no exterior, um passo crucial para o futuro doutorado.

Acredito que nossa existência vai além do simples ato de viver, que temos um propósito a cumprir e um legado a deixar. E foi em setembro de 2017 que uma experiência reforçou essa convicção. Naquele dia, enquanto caminhava pelas margens de um córrego próximo à minha casa, me deparei com uma égua que parecia estar presa no leito do córrego havia dias. Não fui capaz de ignorar aquela criatura indefesa; algo dentro de mim clamava por ação, um impulso irresistível para fazer a diferença. Fui atrás de ajuda para resgatá-la, mas dei de cara com obstáculos burocráticos e portas fechadas. Apesar das dificuldades, eu me recusava a desistir. Minha determinação crescia à medida que o tempo passava.

Várias pessoas foram surgindo no local, de diferentes origens e com diferentes habilidades, e juntos fomos aos poucos superando os empecilhos, pautados por um objetivo em comum: salvar aquele animal indefeso. Em um momento que mesclava triunfo e tristeza, conseguimos finalmente resgatar a égua, transportando-a para a segurança de um veterinário que poderia oferecer os cuidados necessários. Infelizmente, ela não resistiu.

Embora a batalha tenha tido um desfecho triste, algo belo e duradouro emergiu: o embrião do que seria a ONG Laticão. Essa organização sem fins lucrativos, que hoje trabalha incansavelmente para resgatar e proteger animais em situações de risco, nasceu da união de esforços catalisada por esse episódio. Como um broto erguendo-se da terra, a Laticão havia surgido para abraçar a missão de fazer a diferença, transformando a tragédia daquele dia numa centelha de esperança para outros animais necessitados. Foram sete anos à frente desse lindo projeto, resultando em um saldo incrível de mais de 1.500 animais resgatados, e cada um deles é uma história de resiliência e amor.

No mesmo mês do resgate da égua, dei um passo significativo em direção a outro sonho: começar um tratamento hormonal para engravidar, sob os cuidados de um dos melhores médicos da região. Àquela altura eu já esbarrara com várias mulheres que haviam engravidado por esse método, o que me deu confiança para embarcar novamente no desafio, dessa vez com a certeza de que daria certo. O médico, desde o início encorajador, demonstrou otimismo, pois tanto os meus exames quanto os de Maurício estavam ótimos. Seu entusiasmo e sua confiança me contagiavam e me motivavam a seguir em frente. Foram quatro tentativas com indução hormonal, acompanhadas de diversos exames de imagem, e minha esperança crescia pouco a pouco. Entretanto, durante esses meses, precisei tomar vários hormônios, e eles infelizmente me fizeram muito mal. Minha autoestima e meu casamento sofreram bastante, e aquela centelha de esperança começou a se esvair lentamente.

Ao fim do quarto ciclo de tentativas, exausta de todo esse processo emocional e físico, fui sozinha à consulta. Me lembro de cada segundo daquele encontro como se fosse hoje: o médico me recebeu com carinho, mas seu olhar era de tristeza. Fiquei parada diante dele, desanimada, quando ele, com delicadeza, disse:

— Fernanda, acredito que não vale a pena tentar de novo. Confesso que não consigo entender a razão de não ter dado certo. Você ovulou, seu endométrio estava preparado para receber o bebê, tudo parecia perfeito. Na minha opinião, o melhor para vocês seria buscar um especialista em fertilização *in vitro*. Inclusive, tenho um grande amigo para indicar.

Fiquei em silêncio por alguns minutos, processando suas palavras.

— O senhor está dizendo que eu não preciso mais engravidar?

Meio confuso, ele respondeu com gentileza:

— Você até pode engravidar, mas talvez precise de uma ajuda.

Saí da consulta e fui em direção ao carro com os olhos marejados. Encarando meu reflexo pelo retrovisor, comecei a chorar incontrolavelmente. Fiquei meia hora ali sozinha. O mais interessante é que aquele choro não era apenas de tristeza, mas também de certo alívio. Era como se, de repente, eu não tivesse mais a obrigação de engravidar.

Achamos melhor não tentar a fertilização, pois eu sabia que não era um tratamento com garantia de sucesso. Eu estava com o emocional muito frágil, e esse método não habitava o meu coração. Decidi então focar no doutorado, deixando de lado a ideia da gestação por um tempo. Enfrentei minha terceira batalha contra a depressão e, finalmente, aceitei a ajuda de um psicólogo. Eu era muito resistente ao tratamento, mas foi na terapia que descobri uma verdade que me libertou: minha busca pela gravidez não era uma vontade legítima. Tentando engravidar para satisfazer as expectativas da família e dos amigos, eu havia criado uma prisão para mim mesma.

Essa pressão me impactou de tal forma que cheguei a pensar que, se eu não engravidasse, nunca seria boa o suficiente. Eu havia passado boa parte da minha vida assim, e toda a fragilidade emocional estava diretamente relacionada a essa necessidade absurda de agradar aos outros. Passei anos lidando com perguntas e comentários insistentes sobre quando teria um filho, o que potencializou ainda mais todo o sofrimento e a insegurança.

Ressignificar tudo isso foi um verdadeiro desafio. Vivi em luto por muito tempo, evitando gestantes na família e chorando escondida, na tentativa de lidar com uma dor que parecia insuportável. Com o passar do tempo, o sofrimento foi abrandando, embora ainda estivesse presente. Para tentar pensar em outras coisas enquanto cuidava do meu emocional e fortalecia meu casamento, foquei intensamente nos estudos e comecei a buscar novos objetivos. Foi então que surgiu a ideia de me inscrever em um programa de pós-graduação no exterior, mesmo sabendo que o inglês seria uma barreira enorme.

Até que, na Páscoa de 2019, tudo mudou. Maurício conheceu um garotinho durante uma ação beneficente em um abrigo. O menino, que tinha apenas 5 anos na época, conquistou o coração do meu marido. Em casa, ele não parava de falar do menino, destacando o quanto era inteligente e encantador. Eu, que normalmente converso muito, fiquei em silêncio naquele dia, absorvendo a energia e a emoção que emanavam de Maurício. Os olhos dele brilhavam de um jeito que percebi na hora que ele estava pronto para ser pai.

Nesse momento, perguntei a mim mesma se também estava preparada para iniciar o processo de adoção. Contudo, com os frutos do doutorado começando a aparecer e ainda lidando com minhas próprias dores e feridas, decidi deixar essa ideia de lado por um tempo. Ainda assim, a conversa reacendeu o meu sonho de ser mãe, e dessa vez meu coração soube que isso aconteceria com uma adoção. Esse desejo, que havia se apagado um pouco, voltou a brilhar com uma nova intensidade.

Enquanto me permitia sonhar novamente com a possibilidade de ser mãe, outro horizonte começou a se formar. As experiências dolorosas que vivi se tornaram lições valiosas, e a ideia de ser mãe agora parecia mais do que uma meta — era um chamado profundo, uma oportunidade de criar laços que ultrapassam os vínculos biológicos. Com o coração renovado e a mente aberta, percebi que a adoção não era apenas uma alternativa, mas a verdadeira realização do meu desejo de ser mãe. Senti que uma nova jornada estava prestes a se iniciar, repleta de possibilidades e esperanças, e que talvez as respostas que eu buscava estivessem mais perto do que imaginava. O futuro me aguardava, e eu estava pronta para abraçar tudo o que ele tinha a oferecer.

Capítulo 5

O SITE QUE MUDOU NOSSA VIDA PARA SEMPRE

Era uma quarta-feira como outra qualquer. No horário de almoço do trabalho, eu vagava pela internet quando de repente me veio um estalo. Pesquisei no Google os documentos necessários para adoção, mas não imaginava que aquela busca casual me levaria a um mundo inteiro que eu não conhecia. O primeiro resultado, intitulado Adote um Boa Noite, parecia brilhar na tela, como se estivesse ali para me guiar a um caminho que meu coração ainda não compreendia por completo.

Quando o site abriu, fui recebida por um vídeo de introdução. As imagens e a música de fundo pareciam ter sido feitas para tocar direto no coração, mas foi o texto a seguir que realmente mexeu comigo: "Um boa-noite é a certeza de que nunca estamos sozinhos." Aquela frase simples ficou ecoando em mim, como se tivesse tocado em algo que já existia, mas que eu ainda não tinha reconhecido.

Explorando mais o site, me deparei com fotos de crianças para adoção. Minha primeira reação foi de choque: "Isso deve ser ilegal!", pensei, assustada com a ideia de que aquelas imagens pudessem estar disponíveis daquele jeito, mas percebi, aliviada, que o site era ligado ao Tribunal de Justiça de São Paulo.

Continuei olhando as fotos, uma a uma, cada rostinho trazendo uma nova onda de emoções, um misto de compaixão e pungência, uma dor sutil, difícil de descrever. Meus olhos logo se fixaram numa foto específica: quatro irmãos com sorrisos que irradiavam uma energia tão única, tão especial, que me prenderam ali, como se o tempo tivesse parado.

Não sei explicar o porquê, mas aquela imagem me tocou de um jeito diferente. As palavras escaparam dos meus lábios, carregadas de uma convicção que eu não podia ignorar:

— São meus filhos!

A colega que estava ao meu lado me olhou meio confusa e preocupada, de olhos arregalados:

— Ficou doida de vez?

Senti uma certeza inabalável dentro de mim, algo que ia além da lógica, algo que só o coração podia entender:

— Encontrei meus filhos.

Ela respondeu, rindo:

— Ok, ficou.

Sem hesitar, tirei print da tela e enviei para o meu marido. Sua resposta veio quase na hora e foi previsível e surpreendente ao mesmo tempo. Ele riu, soltou um palavrão e exclamou:

— Eita! Quatro? Ficou maluca, mulher? A gente não tem condições de cuidar de tantos!

— São nossos filhos, Maurício!

A ideia era insana mesmo, mas não conseguia afastar o pensamento daquelas crianças. Eu tinha que compartilhar isso com alguém, mas precisava escolher com cuidado; não queria ser julgada, só queria externar o que sentia. Naquela época, estávamos hospedando em casa a Taylor, filha de uma amiga brasileira que morava nos Estados Unidos já tinha muito tempo. Ela falava pouco português, e eu, com meu inglês péssimo, vi nela uma oportunidade perfeita para desabafar. Afinal, ela entenderia muito pouco do que eu diria, então não me acharia louca. Estávamos no carro, voltando de um evento da Laticão, quando reuni coragem e disse:

— Vou ser mãe de quatro crianças, Taylor.

Ela, sem entender muito bem, respondeu:

— Ok! Ok! Ok!

Rimos juntas, cientes da barreira linguística que nos separava, mas aquele momento foi transformador para mim. Ao expressar em voz alta o que sentia, senti minha cabeça mudar. Ficou claro que não era apenas uma emoção passageira: era uma convicção. Decidi lutar pelos meus filhos. Coloquei diante de Deus aquele desejo e voltei a conversar com Maurício, que, apesar da relutância inicial, topou o processo de adoção. Ele deixou claro que não podíamos adotar os quatro irmãos, mas eu, embora concordasse em palavras, sabia que todas aquelas crianças seriam nossos filhos. Tudo que eu precisava fazer era ser paciente, orar muito e conquistar aos poucos o coração do meu marido.

Na mesma semana, fui ao fórum atrás de informações sobre os procedimentos para adoção. O assistente social respondeu várias das minhas perguntas e me orientou em uma primeira conversa, quase uma entrevista, para alinhar expectativas. Mencionei que pretendia adotar quatro irmãos. Ele me olhou confuso, como quem pensa: "Mais uma emocionada!"

Nossa primeira entrevista oficial foi com Roberto, que na época era presidente da Abid de Indaiatuba, uma ONG responsável pelo preparo e cuidado das famílias por adoção da cidade. Ele nos inteirou do processo e enfatizou a importância de alinhar expectativas, destacando o quanto a adoção exigia compromisso e dedicação. Quando ele perguntou sobre o perfil de criança que buscávamos, Maurício respondeu:

— Estamos pensando em adotar dois irmãos mais velhos. Não precisa ser um bebê.

Roberto explicou que esse perfil era pouco procurado, o que tornaria nossa espera menos longa. Eu ouvia em silêncio, mas acabei soltando em voz alta:

— Na verdade, vamos adotar a Flávia, o Flávio, o Fabrício e o Arthur. São quatro irmãos.

A sala ficou em silêncio. Maurício me lançou um olhar firme e disse:

— Já conversamos sobre isso, Fernanda!

Sorri, e o Roberto também. Mudamos de assunto e seguimos com a entrevista. Ele nos contou como as crianças eram acolhidas: o processo normalmente acontecia mediante um ofício de busca e apreensão, com apoio da polícia e da Vara da Infância e da Juventude. Com um tom triste, ele continuou:

— Vocês conseguem imaginar como é para uma criança receber uma visita inesperada de um assistente social e de um policial no fim do dia? É como se, do nada, o mundo que elas conhecem desde que nasceram fosse arrancado. Ser convidada para um passeio sem os pais e, de repente, parar numa instituição, cercada por pessoas estranhas e desconhecidas. O ambiente é frio, é estéril, é confuso. Receber a ordem para dormir sem entender o que está acontecendo é uma experiência traumatizante. É como se o chão sumisse, um misto de medo e solidão.

Aquela conversa foi muito importante e me fez perceber que eu precisava me aprofundar mais no universo da adoção. Hoje, Roberto é um grande amigo, trabalhamos juntos em alguns projetos. Tempos depois dessa entrevista, ele me confessou que, mesmo me achando meio doidinha no início, viu verdade nos meus olhos.

Passada uma semana, eu e Maurício começamos o curso de habilitação, composto por seis palestras. A primeira foi em um sábado, e na segunda seguinte tomei uma atitude impulsiva: liguei para a Vara da Infância e Juventude da cidade onde as crianças estavam. Eu tinha poucas informações, só uma foto e os nomes. Lembro como se fosse ontem. Atenderam a ligação, e eu disparei:

— Estou me habilitando para a adoção. Por favor, não separem meus filhos!

Houve um breve silêncio do outro lado da linha, até que a atendente respondeu com um tom divertido:

— Filhos? Quem são seus filhos?

Eu disse o nome das crianças, e ela, nitidamente surpresa, garantiu que a equipe técnica entraria em contato. No entanto, como era de se esperar, ninguém me ligou. Tenho certeza de que me acharam louca.

No mês seguinte, insisti no contato com a equipe técnica, sem sucesso. O Maurício ainda estava na dúvida sobre a adoção dos quatro irmãos, mas a certeza em meu coração era tão avassaladora que eu simplesmente não podia esperar, por isso continuei ligando.

Certo dia, estávamos passeando numa loja de artigos para a casa, e me dirigi à seção infantil. Fiquei namorando as peças, imaginando meus filhos vestindo cada uma delas. As cores vibrantes e os tecidos macios pareciam quase convidativos. Maurício me achou lá e, surpreso, perguntou:

— O que você está fazendo aí?

Respondi com um sorriso de orelha a orelha e o coração aquecido por sonhos:

— A Flávia vai ficar linda nesse macaquinho.

Meio perplexo, ele tentou disfarçar que não sabia de qual Flávia eu falava:

— Está doida, é?

Convicta, simplesmente afirmei:

— Parece loucura, eu sei. Mas sinto que são eles, Maurício. São eles!

No terceiro mês do curso de habilitação, o tema da palestra foi adoção de grupos de irmãos. Naquele dia, Maurício quase não conseguiu participar, o que me deixou irritada.

A palestrante era uma mulher que havia adotado, sozinha, três meninas. Ela compartilhou sua história com muita franqueza, abordando de forma crua os desafios da adaptação, o que a tornou ainda mais inspiradora. Foi uma experiência incrível ouvir a trajetória dela. No final da palestra, um homem da plateia, em um tom levemente sarcástico, perguntou:

— Suas filhas estudam em escola particular?

Era claro que ele estava insinuando que era preciso ser rica para adotar tantas crianças de uma vez. Com uma serenidade admirável, a palestrante respondeu:

— Não, elas estudam em escola pública, assim como estudavam quando estavam no abrigo. A diferença é que agora elas têm um lar para onde voltar depois da escola, um lar repleto de afeto e amor, algo que nenhum abrigo pode oferecer.

Olhei para Maurício e vi que seus olhos estavam marejados. Não trocamos uma palavra ao sair de lá. Entramos no carro, e a ida para casa foi carregada de emoção. Quando estávamos quase chegando, ele quebrou o silêncio:

— Você é a mulher mais louca e teimosa que já conheci, mas vou te apoiar e lutar ao seu lado pelos nossos filhos.

Foi um momento marcante, que selou nossa decisão de ir em frente. Continuamos a ligar para a Vara da Infância e Juventude, sem sucesso. Apesar disso, seguimos frequentando as palestras, certos de que aquelas crianças seriam nossas. Os dias passavam, e eu checava o site diariamente para me certificar de que a foto deles continuava lá. Meu coração estava inquieto, e eu sabia que precisava continuar tentando, mesmo que parecesse impossível obter informações mais detalhadas sobre eles. Tudo indicava que o caminho seria difícil e incerto, mas a esperança ainda ardia dentro de mim. Foi um período desafiador.

Certa manhã, acordei com uma aflição que não podia ignorar. Pedi a Maurício que ligasse para o fórum, afinal minhas tentativas anteriores não haviam surtido efeito. Ele estava relutante, acreditando que seria um esforço em vão, mas eu insisti, praticamente implorei, e ele cedeu. Quando conseguiu falar com a atendente, a resposta foi devastadora.

Sem entrar em detalhes, ela disse que nossos filhos já não estavam mais disponíveis para adoção. Foi um golpe duro para mim — a foto deles ainda estava no site, como se nada tivesse mudado. Fiquei arrasada, confusa, perdida, mas, no meio de toda essa tristeza, fiz uma oração sincera. Pedi a Deus que cuidasse daquelas quatro crianças que eu já considerava meus filhos. Naquela noite, sonhei com eles.

Os dias que se seguiram foram difíceis. Mesmo que a lógica dissesse para desistir, meu coração acreditava que eu não podia abandonar aquela luta. A imagem daqueles rostos sorridentes ainda pairava sobre mim, e a conexão que sentia com eles parecia inquebrável. Foi então que, num último esforço, pedi ao meu marido que tentasse uma última vez. Prometi que, se não houvesse mais nada a fazer, eu não insistiria mais. Com uma certa dose de sorte, ele conseguiu falar com um membro da equipe técnica, o que reacendeu uma fagulha de esperança em nós.

Maurício fez algumas perguntas sobre as crianças e manifestou interesse em apadrinhá-las. Naquela época, ainda desconhecíamos o devido processo legal para a adoção. A pessoa com quem ele falava informou educadamente que as quatro já tinham padrinhos, tirou algumas dúvidas e, em determinado momento, perguntou se Maurício era meu esposo (meu nome já era conhecido entre a equipe técnica, devido à enxurrada de ligações). Ele confirmou e reforçou que o nosso desejo de adotar aqueles irmãos era genuíno. A assistente social então nos orientou a seguir com o processo e aguardar pacientemente. Ficamos tristes, mas entendemos que havia um caminho a ser trilhado.

Nosso carro tinha apenas dois lugares na época, o que não seria suficiente caso a adoção se concretizasse. Mesmo que não conseguíssemos adotar os quatro, nosso desejo continuava o mesmo: adotaríamos irmãos. Naquela semana, fomos passear no shopping e nos deparamos com um rapaz oferecendo planos de consórcio. Ficamos bastante interessados e começamos a pensar no futuro. Combinamos com o vendedor que voltaríamos em três dias para fechar negócio, optando por uma carta de crédito compatível com um carro popular de cinco lugares, pois tudo indicava que não conseguiríamos adotar os quatro irmãos. Com um misto de esperança e conformidade, ajustamos nossos planos às possibilidades que se apresentavam.

No dia seguinte, recebi uma ligação de um DDD diferente e quase não atendi. Eu estava no hospital, acompanhando minha mãe, que cuidava da minha avó durante uma internação. Mas, por alguma razão, atendi. A voz do outro lado da linha me surpreendeu:

— Alô, quem fala é a Fernanda, de Indaiatuba?

Para minha completa surpresa, era a assistente social da cidade onde os quatro irmãos estavam. Ela me fez uma pergunta que me deixou completamente atônita:

— Você poderia ir até o fórum para uma entrevista amanhã?

Fiquei sem resposta. Disse que sim meio no automático, mas logo lembrei que, naquele mesmo dia e horário, eu deveria comparecer à Câmara dos Deputados de São Paulo para receber uma menção honrosa em reconhecimento ao meu trabalho com a Laticão. Sem graça, precisei emendar:

— Olha, pensando bem, seria possível remarcar a data? Amanhã vou receber uma menção honrosa na Câmara dos Deputados de São Paulo. Mas, se não tiver jeito, eu vou nesse horário. Meus filhos são minha prioridade.

A assistente social riu, percebendo meu nervosismo, e respondeu com bom humor:

— Nossa, você é importante! Como vai dar conta de quatro filhos? Brincadeira, é possível, sim, vamos remarcar.

Apesar do tom leve da conversa, fiquei bem preocupada com a impressão que podia ter deixado. Desliguei o telefone e contei na hora ao Maurício, que ficou superfeliz com a notícia.

A tão esperada entrevista foi dois dias depois. Que dia emocionante! Eu estava muito ansiosa, não sabia que roupa vestir. Tinha medo de parecer muito jovem e passar a impressão de que não era capaz de ser a mãe de que aquelas crianças precisavam. Depois de muita dúvida, escolhi um tubinho preto e salto alto, tentando equilibrar elegância e seriedade. Quando chegamos ao fórum, me apoiei em Maurício, me esforçando para andar com confiança naquele salto, mesmo que por dentro estivesse tremendo de nervosismo.

A primeira coisa que fiz quando chegamos foi me sentar. Não estava mais aguentando! Sou do time do tênis e da rasteirinha, salto alto apenas em eventos. Ao lado da nossa cadeira havia uma mesinha com muitos livros infantis e brinquedos, então fiquei ali admirando e sonhando como seria ter todo aquele universo em minha vida. Mal conseguimos disfarçar o sorriso quando a assistente social e a psicóloga vieram nos receber.

Em uma salinha, nossa conversa começou a se desenrolar, e as perguntas surgiram com muita naturalidade. A assistente abriu a entrevista:

— Vocês estão casados há quanto tempo? E por que ainda não tiveram filhos?

Respirei fundo, buscando as palavras certas para transmitir nossa jornada.

— Estamos casados há 13 anos e, apesar de sonharmos com a adoção desde o início da nossa história, tentamos por muito tempo ter um filho pela via biológica, mas não conseguimos. Isso sempre foi uma parte importante dos nossos planos, mas, depois de tantos desafios, a adoção acabou se tornando o caminho que nos parecia mais certo para realizar nosso desejo de construir uma família.

— A família de vocês apoia essa decisão? E vocês têm ideia do quanto será difícil lidar com tantas questões e idades diferentes?

Troquei um olhar com meu Maurício antes de responder.

— Confesso que nossa família ainda está assimilando a decisão. Mas eles entendem o quanto esse sonho é importante para nós e estão dispostos a ajudar no que for preciso. Quanto às dificuldades, sabemos que vai ser um desafio enorme lidar com diferentes idades e experiências de vida. Estamos cientes de que haverá muitos obstáculos e de que o caminho não vai ser fácil, mas acreditamos que o amor e a dedicação podem superar tudo. Estamos preparados para enfrentar isso juntos e dar o nosso melhor para que cada um dos nossos futuros filhos se sinta amado e acolhido.

O ambiente ficou mais tranquilo. Havia um clima de compreensão mútua enquanto a conversa avançava. A assistente fez uma nova pergunta, com uma expressão preocupada.

— Um ponto importante é a questão financeira. Quatro filhos geram um impacto muito grande para a família. Vocês têm consciência disso?

Olhei para Maurício e então respondi, tentando transmitir nossa perspectiva com honestidade.

— Sim, temos consciência de que muitas coisas vão mudar. Hoje nós levamos uma vida simples, mas confortável. Nós dois trabalhamos e temos nos esforçado para progredir juntos, tanto no financeiro quanto no pessoal. Sabemos que cuidar de quatro crianças vai ser um grande desafio financeiro, mas estamos comprometidos a fazer o que for necessário para oferecer a elas um ambiente estável e cheio de amor.

A psicóloga então começou a falar sobre as crianças, oferecendo uma visão detalhada.

— Imagino que vocês tenham expectativas sobre as crianças, então queria falar um pouco sobre elas. Flávio tem 11 anos, é um garoto tímido, não gosta de esportes e provavelmente não vai querer jogar bola com o pai. Flávia tem 9, não está interessada na adoção, é talentosa, mas tende a aprontar bastante. Fabrício tem 7 anos, é bastante ativo, parece que não para quieto. Preparem-se para ter muito trabalho com ele. Ele sofreu desnutrição na infância e vai precisar de um pouco mais de cuidado para se desenvolver de forma saudável.

Eu ouvia tudo com atenção e, refletindo sobre cada descrição, senti ansiedade e esperança ao mesmo tempo.

— E o Arthur? Vocês não mencionaram ele.

A assistente respondeu:

— Arthur chegou recém-nascido, completou 3 anos recentemente. É um garotinho fofo, mas também tem suas próprias marcas e desafios. Conseguem entender tudo que foi dito aqui?

— Sim, sabemos que eles terão necessidades específicas e estamos prontos para oferecer todo o apoio e carinho necessários para que se desenvolvam da melhor forma possível.

A conversa prosseguiu com a equipe buscando entender nossas expectativas e todos os aspectos da preparação para embarcar nessa nova e desafiadora fase da vida. Foi uma conversa leve, mas bem esclarecedora. À medida que elas falavam, eu me sentia cada vez mais encantada com a situação. Felizmente, todas gostaram muito de nós. Ficamos de marcar um novo encontro e saímos de lá felizes e cheios de esperança.

Retornamos ao fórum na semana seguinte. Dessa vez, participaram conosco duas técnicas que trabalhavam no abrigo onde meus futuros filhos viviam. Elas nos deram vários detalhes das crianças e reforçaram que a Flávia poderia não aceitar bem a aproximação. Por conta disso, sugeriram que nosso primeiro encontro fosse numa festa, sem uma apresentação formal. Assim, conheceríamos as crianças de uma maneira mais natural, e a equipe poderia observar a reação delas a esse encontro. Como não sabíamos exatamente como as coisas funcionavam, aceitamos a sugestão.

No entanto, dois dias depois, a psicóloga me enviou uma mensagem com uma foto da Flávia e do Flávio sorrindo ao lado dela. Só entendi a situação quando ouvi o áudio enviado junto, no qual explicava que a equipe tinha decidido ser sincera com as crianças e que a foto havia sido tirada depois que elas souberam que queríamos adotá-los.

Fiquei emocionada na hora e não consegui segurar as lágrimas. A psicóloga mencionou que a Flávia ficou um pouco arredia com a ideia, mas acabou aceitando nos conhecer.

— Posso mandar uma foto nossa para eles? — perguntei.

— Claro!

Então enviei uma foto em que estávamos eu, Maurício e nossa cachorrinha Amora no parque. A psicóloga nos contou que, ao ver a foto, todos abriram um sorriso enorme. No dia seguinte, recebemos uma foto de Fabrício todo sorridente.

Estávamos prestes a conhecer nossos filhos. Consideramos, no entanto, que era fundamental contar a novidade para toda a família.

Nossos pais já estavam cientes do nosso desejo de adotar, mas não faziam ideia de que estávamos quase virando pais de quatro irmãos de uma só vez. Sabíamos que essa revelação seria difícil e que possivelmente não teríamos a aprovação imediata de todos.

Decidimos conversar com nossos pais em dias distintos, para que cada um pudesse processar a notícia à sua maneira. Como prevíamos, todos ficaram superpreocupados. Eu estava finalizando meu doutorado, tinha uma oportunidade promissora de trabalho em vista, mas apenas poucos meses de bolsa restantes. Em breve seria o momento de me reinserir no mercado de trabalho, algo que eu vinha planejando tinha algum tempo. O Maurício, por sua vez, sempre trabalhou muito, mas nossa condição financeira nunca foi das mais confortáveis. Para nossa família, a decisão de adotar quatro crianças ao mesmo tempo parecia uma verdadeira loucura.

Se eu dissesse que foi fácil lidar com tantas reações hesitantes, confesso que estaria mentindo. Ver a preocupação estampada nos rostos de nossos pais e familiares, ouvir suas incertezas, sentir a resistência das pessoas que eram mais próximas de nós... Foi tudo tão doloroso! Eu sentia como se estivesse decepcionando aqueles que sempre quiseram o melhor para mim. Ao longo da minha vida, fiz escolhas muito diferentes do que todos em geral esperavam, e isso sempre gerou certa tensão. Eu sabia o quanto minha mãe sonhava em ter um netinho bebê, e essa era uma expectativa que, de certa forma, eu não estava atendendo.

No entanto, por mais difícil que tenha sido, enfrentar esse momento acabou fortalecendo ainda mais nossa convicção. Sabíamos que o caminho que escolhemos seguir era repleto de desafios, mas também repleto de amor, propósito e esperança. E, no fim das contas, era isso que nos guiava e nos dava forças para continuar. Cada dificuldade que surgia apenas reafirmava que estávamos prontos para enfrentar o que fosse necessário para construir a família com a qual sempre sonhamos.

Mesmo com a preocupação ecoando em minha mente, fui invadida por uma onda de determinação. Eu sabia que aquele era apenas o começo de uma jornada que nos transformaria para sempre. Em meio a incertezas e desafios, uma certeza nunca mudou dentro de mim: não éramos apenas um casal buscando filhos, éramos duas pessoas prestes a construir uma família. E, mesmo sem saber o que o futuro nos reservava, sabia que, juntos, e com auxílio de Deus, estaríamos prontos para enfrentar qualquer tempestade. Seis vidas que até então se cruzavam apenas em sonhos estavam prestes a se entrelaçar, e a magia desse momento deixava claro que estávamos apenas começando a escrever uma nova história, de amor e superação, que mudaria nossa vida para sempre.

Capítulo 6

O NASCIMENTO DA NOSSA FAMÍLIA

Dezenove de outubro de 2019. Essa data ficaria gravada para sempre em nosso coração, pois foi o dia em que conhecemos nossos filhos. Descrever o que aconteceu é um verdadeiro desafio. Sabe aqueles momentos em que as palavras parecem insuficientes para capturar a profundidade das emoções? Pois é. Eu estava ansiosa, morrendo de medo de não agradar as crianças, e chorava sem querer, expressando com as lágrimas o que não era capaz de verbalizar. A única coisa que conseguia fazer era expressar minha profunda gratidão a Deus por tudo que estava acontecendo. Após uma longa jornada, nossa família estava prestes a se concretizar.

Nosso encontro foi marcado para uma tarde de sábado, um dia de céu claro e clima ameno. Chegamos ao abrigo, um sítio lindo, rodeado de verde e com muitas árvores frutíferas, um pouco antes do horário combinado. O local transmitia uma sensação de paz e acolhimento. Fomos recebidos por uma senhora querida, que nos pediu para aguardar alguns minutos numa salinha de recepção, decorada de forma simples e aconchegante. Eu estava radiante, com um sorriso que não conseguia conter.

Segundos depois, começamos a ouvir um choro suave e melancólico vindo da sala ao lado. Era um som delicado, mas carregado de uma tristeza profunda. Notei ser o choro de uma adolescente e fiquei imediatamente apreensiva. O que poderia estar acontecendo? Quem estava chorando?

Cerca de meia hora depois, a senhora retornou à sala com os olhos marejados e uma expressão de empatia. Ela nos convidou para um café, um gesto que contrastava com a tensão do momento. Enquanto eu olhava ao redor, tentando localizar quem poderia estar chorando, não consegui me conter:

— Ouvi um choro... Está tudo bem?

A senhora, visivelmente triste, explicou que o choro era de Paolla, uma jovem de 16 anos. Ela residia na instituição havia vários anos e estava sofrendo profundamente pela ausência do irmão, que havia sido adotado algumas semanas antes. A dor e a saudade a estavam consumindo. Não pude deixar de perguntar:

— Por que ela não foi adotada também? Como assim separaram os irmãos?

O universo da adoção era totalmente novo para mim. Eu não fazia ideia de como as coisas funcionavam e tinha um repertório de crenças limitantes e opiniões pautadas no senso comum. A senhora então nos contou que Paolla havia escolhido não ser adotada. Ela decidiu isso perante o juiz, mas também expressou o desejo de que seu irmão tivesse a chance de um novo começo. Apesar da decisão, a jovem estava arrasada com toda a situação.

Meus olhos se encheram de lágrimas, e senti um aperto no peito, como se algo se quebrasse dentro de mim. Foi uma vontade imensa de entender mais profundamente o universo do trauma e de ajudar de alguma forma. Paolla talvez nunca venha a saber disso, mas naquele dia ela me fez refletir sobre o significado de família e o impacto emocional da adoção. Foi por causa dela que comecei a estudar sobre os aspectos do trauma na infância e juventude.

Alguns minutos depois, a psicóloga do abrigo chegou com um sorriso no rosto. As crianças estavam terminando de se arrumar, ela nos contou, e nosso encontro seria no pátio. Eu e Maurício estávamos todo bobos. Caminhamos lentamente da sala em direção ao pátio, um espaço amplo, repleto de brinquedos e cercado por três construções.

Paramos em um canto, e a psicóloga nos perguntou se poderia filmar aquele momento, para eternizá-lo. De repente, a porta de uma das construções se abriu, e, em fila, saíram Flávio, Fabrício, Flávia e Arthur, que estava no colo de uma funcionária do abrigo. Naquela fração de segundo, tudo mudou. A emoção foi tão intensa que até hoje é impossível descrever. A impressão que tive foi que eles demoraram uns dez minutos para chegar até nós. Parecia que o tempo tinha parado. Minha mente entrou em colapso; eu não sabia se chorava, ria, corria em direção a eles ou para longe. Me lembro de pensar: "Socorro! Como vou educar quatro crianças? Fernanda, você ficou louca!"

Flávio foi o primeiro a me abraçar. O abraço dele era tímido e um tanto contido. Enquanto isso, Fabrício correu em direção a Maurício com tanta animação que acabou tropeçando. Olhei para Flávia, que estava com os braços cruzados, e, sem pensar muito, falei:

— Oi, sou a Fernanda! Posso te dar um abraço? Você está com vergonha? Fica tranquila, porque eu também estou.

Ela fez que sim com a cabeça e, mesmo sem abrir os braços, me permitiu abraçá-la. Em seguida, Arthur e Fabrício se aproximaram e me abraçaram. Nesse momento, comecei a chorar. A psicóloga então nos disse:

— Fiquem à vontade com os seus filhos. Divirtam-se!

Olhei desesperada para o Maurício, como se perguntasse:

— E agora, o que faço?

Eu me sentia tão desconfortável! Afinal, estava diante dos meus filhos. A responsabilidade era imensa, e eu queria causar uma boa impressão. Nossas brincadeiras foram improvisadas, e, com certeza, não fomos os melhores, mas a alegria estava lá, transbordante e genuína.

Fabrício rapidamente pegou minha mão, todo empolgado, e me levou para dentro de uma casinha de bonecas. Ele falava sem parar e, menos de uma hora após o começo do nosso encontro, fez uma pergunta que me pegou de surpresa:

— Você vai ser a minha mãe?

Olhei para ele, um pouco sem jeito e sem reação, e respondi:

— Você gostaria que eu fosse sua mãe?

Ele falou com uma confiança e tranquilidade que me deixou sem palavras:

— Relaxa! Você já é minha mãe!

Fiquei completamente surpresa. Não esperava que ele fosse tão direto e decidido sobre isso. Embora a emoção fosse intensa, consegui segurar as lágrimas. Sempre imaginei que levaria um tempo para ser vista como mãe. Pensei que no início eu seria a "tia" e levaria um período para me ajustar a essa nova realidade. Continuamos brincando, mas notei que Flávia parecia sem graça. Decidimos jogar bola, e Fabrício, com uma empolgação contagiante, não parava de gritar:

— Mãe, joga para mim! Mãe, mãe!

Em um momento, percebi que Flávia estava repreendendo Fabrício.

— Para de chamar ela de mãe, ela não é nossa mãe!

Naquele instante, meu coração ficou apertado. Olhei para Flávia e simplesmente sorri, tentando manter a calma. Eu sabia que o caminho à frente não seria fácil. Apesar da resistência inicial, a menina também se envolveu bastante nas brincadeiras e fez questão de nos mostrar cada cantinho do abrigo. Eu tentava a todo momento me aproximar de Flávio, mas parecia que não estava conseguindo. Então, decidi falar:

— E aí, Flávio, como estão as namoradinhas?

Sim, uma baita gafe. Com um semblante sério e uma postura firme, ele me olhou e respondeu:

— Eu não sou desses!

Deveria ter filmado esse momento para guardar de recordação; com certeza seria algo útil para a adolescência futura (risos). Durante esse dia, não nos concentramos muito no Arthur; brincamos um pouco com ele, mas nos esforçamos para mostrar aos mais velhos que estávamos empenhados em construir um relacionamento significativo com cada um deles. Não queríamos criar um ambiente de competição. Depois de algumas horas, já exausta e pedindo desesperadamente por um banco, me sentei numa muretinha. Fabrício seguia zanzando de um lado para o outro, até que um rapaz chegou para trocar o botijão de gás das casas. Ele correu na direção dele e, empolgadíssimo, disse:

— Minha mãe está aqui!

Como eu não havia ouvido toda a conversa entre eles, vi o olhar de pena que o rapaz lançou para Fabrício. Em seguida, esse funcionário se aproximou de mim e disse:

— Coitadinho, o menino acha que você é a mãe dele. Que pena!

Fiquei perplexa, tentando processar a situação. Então, Fabrício se aproximou, me deu um cutucão e pediu:

— Anda, mãe, fala para ele que sou seu filho!

Com um pouco de dificuldade para lidar com a situação, meio sem jeito confirmei que era mesmo a mãe de Fabrício. O rapaz ficou um pouco sem graça e saiu. Alguns minutos depois, consegui entender melhor o que estava acontecendo e percebi que havia falhado ao não afirmar claramente minha nova posição.

— Desculpe, Fabrício. Ainda estou aprendendo a ser mãe. Eu devia ter dito pra ele desde o começo que eu sou, sim, sua mãe, só fiquei meio perdida na hora.

Aquele garotinho tão novo me olhou com um sorriso compreensivo e respondeu:

— Tudo bem! Da próxima vez você fala!

Segurei a mão dele e fui em direção ao funcionário novamente, desta vez afirmando com todas as letras:

— Desculpe, não tinha entendido o que você tinha dito. Eu sou a mãe do Fabrício, sim. Prazer.

Eu e o pequeno sorrimos e então voltamos a brincar, tentando aproveitar ao máximo aquele tempo juntos. Naquele sábado, passamos cerca de três horas com nossos filhos. Na hora da despedida, a responsável pelo abrigo se aproximou e nos convidou a retornar no dia seguinte para uma missa especial e um almoço de ações de graças. Aceitamos o convite imediatamente, mas avisei que chegaríamos um pouco mais tarde, pois tínhamos um ensaio pré-adoção agendado. Fazer fotos de gestante sempre foi um sonho para mim, e, quando decidimos adotar, optei por viver e aproveitar cada fase dessa experiência como se fosse uma gestação completa. Assim, planejei as fotos, um chá revelação e todos os momentos especiais aos quais eu e Maurício tínhamos direito.

No domingo, acordamos bem cedo, com energia e entusiasmo renovados. Me arrumei, e, após um rápido café da manhã, fomos ao parque da nossa cidade para realizar as fotos que havíamos planejado. Minha sogra, sempre prestativa e carinhosa, levou alguns brinquedos e roupas da Anna, nossa querida sobrinha, para ajudar a compor o cenário e tornar o momento ainda mais especial. Ela ficou ali com a gente, compartilhando e curtindo a experiência.

Eu e o Maurício estávamos radiantes, mas também com um pouco de pressa. Não queríamos nos atrasar porque cada minuto ao lado dos nossos filhos era precioso demais. Terminado o ensaio fotográfico, fomos correndo visitá-los. Chegamos ao abrigo por volta das 11h30, e o que se seguiu foi uma verdadeira correria. Eles moravam numa cidade diferente da nossa, a mais ou menos uma hora e meia de distância.

Quando finalmente chegamos, descobrimos que os três mais velhos estavam em um passeio e que levariam cerca de uma hora para retornar. Foi a oportunidade perfeita para conhecermos melhor nosso filho mais novo, Arthur. Fomos buscá-lo no berçário, onde as crianças de até 5 anos eram acolhidas e cuidadas.

Assim que entramos, avistamos Arthur no colo de uma das tias do abrigo, todo arrumadinho e fofo. Ele estava vestindo uma camisa, calça e sapatinhos, e estava tão cheiroso que não consegui resistir a me aproximar. Com um sorriso, disse:

— Oi, pequeno! Vamos brincar com a mamãe e o papai?

Com um sorriso tímido, ele olhou para a tia que o acompanhava e que, com um carinho evidente, perguntou:

— Tutu, quem são esses?

Ele respondeu com uma confiança que derreteu meu coração:

— Mamãe e papai!

Naquele momento, completamente encantada, eu o peguei no colo com muito carinho. Passamos um bom tempo brincando e nos conhecendo melhor, só nós três. Arthur, ou Tutu, como era carinhosamente chamado em sua fase no abrigo, sorria o tempo todo, mas ainda se mantinha bastante tímido. Enquanto aguardávamos a chegada dos irmãos mais velhos, ele aproveitou para devorar duas maçãs enormes.

Os maiores retornaram superanimados do passeio, cheios de energia e sorrisos. Flávia, que antes parecia um pouco mais reservada, estava agora mais leve e descontraída. Ela já chegou nos chamando de mãe e pai, o que aqueceu nosso coração. Fomos juntos para a capela que ficava dentro do sítio para prestigiar a missa que iria acontecer. Quando chegamos, vimos que estavam presentes os cuidadores, alguns padrinhos da instituição e todas as crianças acolhidas, cada uma com sua história e seus sonhos.

Escolhemos um lugar discreto para nos sentar, no fundo da capela, em um banco lateral, bem próximo a uma janela que deixava a luz suave entrar. Fabrício e Arthur ficaram confortavelmente em nosso colo, enquanto os mais velhos se preparavam animadamente para participar da celebração. Era um momento especial, pois os dois seriam coroinhas, desempenhando um papel importante naquela cerimônia.

Enquanto aguardávamos o início da missa, percebi que todas as crianças presentes nos observavam atentamente. Todas pareciam muito curiosas, apreensivas, mas o que mais me tocou foi a tristeza que se refletia no rosto de muitas delas. Uma garotinha de aproximadamente 7 anos, com um olhar profundo e uma expressão interessada, se aproximou de nós com passos hesitantes e disse, com a voz cheia de inocência:

— Tia, é verdade que você é a mãe do Tutu e dos irmãos dele?

Com um sorriso carinhoso, respondi que sim e fiquei observando atentamente a expressão em seu rostinho. Ela deu um sorriso triste, quase como se estivesse tentando processar aquela informação, e falou com uma voz baixa e um tanto melancólica:

— Não achei que era verdade…

Aquela garotinha tão pequena e frágil ficou sentada perto de nós, tentando chamar nossa atenção o tempo todo. Para mim, foi um momento muito comovente perceber o quanto ela ansiava por um gesto de carinho e reconhecimento. A missa então começou, e confesso que estávamos um pouco perdidos, considerando que eu e Maurício somos evangélicos, mas isso não nos impediu de viver aquele momento com nossos filhos de maneira plena e significativa.

Após a oração, Flávio e Flávia entraram na capela vestidos com túnicas brancas adornadas com detalhes em vermelho. Flávio, sempre um pouco mais tímido, estava envergonhado, e suas bochechas assumiram um tom rosado muito fofo. Senti uma vontade imensa de sair correndo até ele, abraçá-lo forte e enchê-lo de beijinhos, de tão fofo que ele estava!

Quando a cerimônia terminou, os dois vieram se sentar ao nosso lado, e ficamos todos juntinhos, aproveitando o calor humano e o amor que nos unia naquele momento tão especial.

Logo após a missa, fomos todos ao pátio do sítio para participar de um almoço especial de ação de graças. O ambiente estava repleto de alegria e expectativa, principalmente entre as crianças, que estavam animadas e ansiosas, pois era dia de um dos pratos favoritos: uma deliciosa macarronada com frango assado. O aroma irresistível do frango assado e das especiarias enchia o ar, provocando uma sensação de aconchego imediata — e também fome! As cuidadoras, sempre gentis e atenciosas, nos orientaram a ficar à vontade, como se estivéssemos em um passeio comum com nossos filhos, desfrutando de um dia em família. Nesse momento, o nervosismo tomou conta de mim.

— O que eu faço agora? — perguntei baixinho ao Maurício. — Será que coloco a comida no prato deles? Ou dou a comida na boca? Socorro, Maurício. Não sei como agir nessa situação!

Seguindo o fluxo, fomos em direção à fila para nos servir, tentando manter a calma. Foi então que percebi que Flávio e Flávia eram mais independentes do que eu imaginava. Eles se movimentavam com segurança, pegando os talheres com firmeza e demonstrando que sabiam se virar sozinhos. Mesmo assim, ofereci ajuda, que eles prontamente recusaram. Com isso, me concentrei em colocar a comida no prato de Arthur e Fabrício, que ainda eram pequenos e precisavam mais de cuidados.

—

Escolhemos uma mesa um pouco afastada, em um canto tranquilo do pátio, e nos sentamos. Arthur era o mais novinho entre eles, então achei que seria melhor ajudá-lo a comer. Com muito carinho, preparei a primeira colherada e, meio sem jeito, dei na boquinha dele. No entanto, quando me preparava para dar a segunda, fui interrompida pela voz firme da Flávia:

— Para com isso! Ele sabe comer sozinho.

Congelei, surpresa com a reação dela, e olhei angustiada para Maurício, buscando algum tipo de orientação ou apoio. Percebi que os irmãos estavam me observando com olhares sérios, quase como se estivessem decepcionados, o que só aumentou minha insegurança. Tentei remediar a situação:

— Tutu, você come sozinho, meu amor? Se precisar de ajuda, a mamãe está aqui para você.

Após essa breve troca, fiz meu prato e fiquei quieta por um tempo, observando atentamente as crianças ao nosso redor. Chamou minha atenção a rapidez com que Flávio comia. Em poucos minutos ele já havia devorado três pratos enormes, algo que me surpreendeu. Ouvi o som das garfadas rápidas e a mastigação apressada, quase como se ele estivesse determinado a não deixar nem um grão de comida escapar. Enquanto isso, Flávia, sempre comunicativa, falava animadamente sobre a instituição, sobre sua rotina e suas melhores amigas, revelando um pouco mais de sua vida e personalidade. Já Fabrício não conseguia ficar quieto por muito tempo e logo começou a pular de mesa em mesa, cheio de energia e entusiasmo.

Após o almoço, seguimos em direção ao bosque, que fica na parte de trás do sítio. No caminho, Fabrício saiu correndo em direção a uma área repleta de bicicletas coloridas e desgastadas pelo tempo, ele pegou uma das bicicletinhas e, com uma velocidade surpreendente, desceu um barranco inclinado. Meu coração quase parou. Enquanto tentava me recompor do susto, Flávia não parava de dar bronca nos irmãos. Tudo o que eles faziam ela repreendia, como se quisesse manter uma ordem que parecia desafiadora em meio a tanta empolgação.

Encontramos um banco na sombra de uma árvore. O assento de madeira, um pouco áspero ao toque, parecia ainda mais convidativo com a brisa suave. Era uma delícia estar naquele lugar tranquilo. Foi então que Flávia, depois de hesitar um pouco, criou coragem para começar um interrogatório que parecia pesar em sua mente havia algum tempo. A primeira pergunta que ela fez foi a que mais me marcou:

— Na casa de vocês, eu vou ter tudo o que quero? — perguntou ela, séria.

Fiquei sem jeito de responder, mas tentei ser sincera e afetuosa:

— Não, filha. Infelizmente não temos como te oferecer tudo o que você possa querer, mas nunca vai te faltar amor, isso podemos garantir.

Pude ver um vislumbre de frustração em seus olhos, como se ela estivesse esperando uma resposta diferente. Mesmo assim, continuamos conversando e mostrando fotos da nossa cidade e dos nossos animais de estimação. Eu e Maurício estávamos ansiosos para começar a preparação para recebê-los em nosso lar, e o quartinho da Flávia tinha um significado especial para mim, porque, quando nos conhecemos, ela, que nunca tivera nada que fosse só dela, comentou que sonhava em ter uma cama com escorregador. Eu havia passado muitos e muitos anos sonhando em montar um quarto lindo para os meus filhos, com todo o carinho e dedicação. Naquela época, a decoração com flamingos estava em alta, com tons suaves de rosa, verde e azul que eu achava muito fofos.

— Filha, pensei em fazer um quartinho lindo para você, cheio de flamingos. O que acha? — perguntei, toda animada.

Ela olhou para mim confusa e disse que não sabia o que eram flamingos. Peguei o celular e mostrei uma foto cheia de cores vibrantes. Achei que Flávia fosse adorar, mas me enganei:

— De jeito nenhum, odeio rosa! Não vou dormir em um quarto rosa!

Fiquei totalmente sem reação, tentando processar aquela resposta tão diferente do que havia imaginado. Naquele momento, vivi minha primeira quebra de expectativas como mãe e, confesso, me senti desconfortável, como se o sonho até então alimentado tivesse começado a se desfazer diante de mim. Sem jeito, perguntei:

— E como seria o seu quarto dos sonhos?

Isso a deixou animada.

— Um quarto azul, sem bonecas e com um escorregador.

No final da tarde, enquanto brincávamos de esconde-esconde, vivemos uma cena engraçada. Flávio, que estava escondido atrás de um arbusto, começou a gritar:

— Pai, estou aqui! Estou aqui, pai!

Olhei para Maurício, esperando que reagisse de alguma forma, mas ele parecia estar perdido em pensamentos.

— Pai, aqui! Aqui! — continuou Flávio.

Cutuquei meu marido levemente no braço e ri.

— Maurício, o menino está te chamando! Você é o pai, homem! Reage!

Maurício riu, um pouco envergonhado, e então, como se a ficha finalmente tivesse caído, exclamou:

— Meu Deus, eu sou o pai! Eu sou o pai!

E foi correndo na direção do menino, chamando-o de filho com uma alegria que iluminava seu rosto.

Passamos muito tempo juntos naquele dia, aproveitando cada momento, mas chegou a hora difícil de ir embora. Com olhares de expectativa, todos começaram a perguntar quando retornaríamos, deixando claro o quanto queriam estar conosco novamente. Explicamos com todo o cuidado que, por morarmos longe, só conseguiríamos visitar nos finais de semana, mas deixamos claro que voltaríamos, sim, e que em breve estaríamos todos juntos para sempre, como uma família. Eles nos acompanharam até o carro, e nos despedimos com um beijo, sentindo a maciez da bochecha deles nos nossos lábios enquanto o cheiro adocicado da infância ainda pairava no ar, como uma promessa de dias melhores.

Saímos dali mais uma vez com o coração aquecido pela alegria de um encontro tão esperado. As risadas ainda ecoavam na mente, e os abraços de nossos filhos se tornavam uma lembrança preciosa que levávamos conosco. No entanto, à medida que a estrada se descortinava à frente, a realidade nos lembrava que essa nova jornada estava apenas começando. Apesar da felicidade que nos envolvia, os desafios seriam imensos, e cada passo em direção ao nosso lar exigiria coragem e amor incondicional. Afinal, estávamos prestes a descobrir o que realmente significa ser uma família.

Capítulo 7

O DIA EM QUE NOSSO MUNDO VIROU DE CABEÇA PARA BAIXO

Na segunda-feira, dia 21 de outubro de 2019, um dia após nosso emocionante fim de semana com as crianças, meu telefone tocou lá pelas dez da manhã. Ao atender, reconheci a voz da assistente social do fórum. Com um tom profissional e levemente curioso, ela perguntou como tinha sido nossa experiência:

— Como foi o encontro? Vocês têm interesse em continuar com a aproximação?

Animada, respondi sem hesitar:

— Claro! Eles são nossos filhos! Já nos chamam de mãe e pai! A gente se deu muito bem logo de cara.

Após um breve silêncio do outro lado da linha, a voz voltou com um tom mais sério e preocupado:

— Calma, Fernanda. Não se iluda com esse "mãe"! Ainda tem um longo caminho.

Naquele momento, estava tão empolgada que nem ponderei o que ela disse. Aquele aviso parecia distante e pequeno diante da esperança que enchia nosso coração.

* * *

Cheios de ansiedade, passamos o dia inteiro em busca de um carro que pudesse acomodar nossa nova e crescida família. O veículo que tínhamos só comportava duas pessoas, e, quando recebemos o telefonema da assistente social para a primeira entrevista, acabamos desistindo do consórcio. Encontrar um carro de sete lugares dentro do nosso orçamento estava sendo mais difícil do que imaginávamos. O problema é que era urgente resolver essa questão, porque, durante o período de aproximação, poderíamos levar nossos filhos para passear, para explorarmos juntos o mundo além dos muros do abrigo. Como faríamos isso sem um carro de sete lugares?

Com a pergunta martelando na cabeça, me lembrei de um dinheiro que meus pais tinham me dado havia um tempo. Guardado com carinho e sem destino certo até então, ele seria de grande valia naquele momento crucial. Além do carro, uma lista crescente de necessidades começou a se formar: móveis adequados para os quartos, colchões macios, roupas para frio e calor... Era tanta coisa para providenciar que me senti subitamente sobrecarregada, quase em pânico.

Maurício trabalhava no turno da noite. Assim, às 19 horas daquele dia, ele saiu para o trabalho enquanto eu fiquei em casa fazendo uma pesquisa incansável, procurando cada detalhe, cada oferta que pudesse nos ajudar a montar um lar aconchegante. Já ia dar 20 horas quando meu telefone tocou. Era o Maurício. Atendi toda animada, com o coração ainda acelerado pela empolgação de ter encontrado algo especial:

— Gordo, você não vai acreditar! Achei uma cama de casinha linda e com um preço ótimo. Acho que a Flávia vai amar! Não temos espaço para um escorregador, mas, poxa, é muito legal uma cama de casinha. Você não acha?

Maurício ficou quieto por alguns segundos. Com a voz embargada, finalmente disse:

— Você pode vir até o meu trabalho para buscar minhas coisas? Acabei de ser dispensado.

Sem entender, respondi:

— Dispensado do quê? Vai ter uma folga extra? Oba!

Ele explicou:

— Não, Loira… Eu fui demitido. Consegue vir?

Foi um banho de água fria. Tudo o que consegui fazer foi responder que sim. Subitamente, uma crise de pânico tomou conta de mim: meu corpo começou a tremer inteiro, e as lágrimas escorriam pelo rosto sem parar, como uma torrente ininterrupta. Eu tentava falar, mas nenhum som saía da boca. Sem pensar, entrei no carro e fui ao encontro dele. O caminho era longo, passava pela rodovia, mas, sendo sincera, não me lembro de nenhum detalhe do percurso. Tudo se transformou em um borrão. A única coisa clara em minha memória é uma oração simples, quase um sussurro:

— Deus, me ajuda!

Quando finalmente cheguei, Maurício esperava por mim com os ombros pesados de tristeza e preocupação. Mesmo assim, ele tentou esboçar um sorriso sem graça e disse:

— Faz parte! Deus vai cuidar de tudo!

Naquela noite, não conseguimos tocar no assunto. Fomos para a cama em silêncio, acabados por dentro, mas sem saber como expressar o que estávamos sentindo. No dia seguinte, como de costume, fui preparar o café da manhã. Enquanto fazia meus ovos, coloquei um louvor para tocar, buscando um consolo na música. A letra de "Jó", uma das músicas que eu mais amo, da Midian Lima, começou a tocar. A letra ecoava em meus ouvidos e em meu coração: "Eu o adoro pelo que Ele é; Eu sou dEle, tudo é dEle…"

Nesse momento, as lágrimas voltaram, mais intensas do que nunca. Chorei de soluçar, sem conseguir conter a dor que transbordava. Maurício se aproximou, me envolveu em seus braços, e eu, ainda soluçando, disse:

— Amor, nossos filhos... nossos filhos...

Com uma calma que me surpreendeu, meu marido me olhou nos olhos e respondeu:

— Calma, Loira! Nada mudou! Somos pais, e nossos filhos nos esperam. Deus está cuidando da gente.

Em meio às lágrimas, nos entregamos a Deus mais uma vez, buscando Seu cuidado e consolo. Foram dias de dor intensa, de testes e desafios constantes. O emprego de Maurício correspondia a 70% da nossa renda, e, por meio dele, tínhamos acesso a um bom convênio médico e odontológico, benefícios que nos proporcionavam uma segurança essencial para aquele momento. Embora eu ainda tivesse um ano garantido de bolsa do doutorado, o valor não era suficiente para sustentar uma família do tamanho da nossa.

Nas páginas das minhas lembranças mais desafiadoras, encontro um capítulo repleto de dias difíceis. Nesse período, nosso propósito e nossa determinação foram colocados à prova. Talvez você se pergunte se, diante de todas essas adversidades, em algum momento eu considerei que não era para ser ou se pensei em desistir da adoção. Afinal, desde o início tudo foi tão difícil... Mas a certeza e a paz no meu coração com relação à adoção eram inabaláveis. Sabia que aquelas quatro crianças eram minhas e estava disposta a enfrentar tudo por elas.

Mantivemos o desemprego em segredo, temendo que isso pudesse afetar o processo de adoção. Queríamos tentar dar um jeito antes de revelar o problema. Nosso desejo era chegar com uma solução em mãos. Maurício fazia muitos trabalhos por fora, o que nos dava esperanças de conseguir contornar a situação. Poucos dias depois, o abrigo nos contatou perguntando se poderíamos levar as crianças para um pequeno passeio. A alegria foi imensa, aceitamos com entusiasmo, mas havia um obstáculo: o carro. Comentei com a equipe do abrigo que ainda não tínhamos encontrado um veículo adequado e, em um gesto incrivelmente compreensivo, eles nos emprestaram o carro da instituição.

Nosso primeiro passeio foi ao McDonald's. Fazia anos que eu não comia um lanche daqueles. A princípio me senti um pouco deslocada, como no dia do almoço no abrigo, mas a alegria de estarmos juntos era inegável. Passamos apenas duas horas com as crianças, mas, nesse curto tempo, Flávia fez uma pergunta que aqueceu meu coração:

— Mãe, vai demorar para a gente se ver de novo?

Aquela simples pergunta era um sinal de que ela estava começando a se abrir, a se permitir sonhar com um futuro ao nosso lado.

Após deixá-los de volta no abrigo, voltamos para nossa cidade com o coração leve pela crescente amizade com nossos filhos, mas preocupados com as dificuldades que ainda nos cercavam. Enquanto celebrávamos esse novo capítulo em nossa vida, também enfrentávamos as angústias de renunciar a privilégios e sonhos, na tentativa de reduzir ao máximo nossos gastos. Mudanças foram feitas. Abandonei o crossfit que tanto amava, informei minha orientadora de que não iria mais ao congresso internacional planejado, e o Maurício aceitou todo tipo de serviço para que pudéssemos economizar cada centavo. Ele chegava tarde em casa, exausto, após trabalhar cada dia em um lugar diferente, já eu passava o dia na Unicamp, tentando adiantar meus relatórios e experimentos para poder ficar em casa com as crianças por um período.

Decidimos, então, abrir o jogo com a equipe técnica sobre o desemprego de Maurício. Me lembro nitidamente de dizer:

— Sabemos que o cenário não é bom, mas isso não nos faz querer desistir. Se eu tivesse acabado de ter um bebê e isso tudo acontecesse, não iria colocá-lo de volta na barriga, certo? Eles são nossos filhos, com ou sem estabilidade financeira.

A equipe foi extremamente acolhedora e compreensiva. Continuamos a aproximação e conseguimos o direito de levar nossos filhos para um passeio em nossa cidade. Mais uma vez, fomos com o carro do abrigo, uma Spin branca que, naquele momento, parecia ter salvado nossa vida. Planejamos um passeio especial: um piquenique no parque com nossa família. Convidamos nossos pais, minha irmã e meu cunhado, e a irmã do Maurício. Cada um ficou responsável por trazer um prato. Minha mãe fez esfirra de carne e comprou uma variedade de salgadinhos e refrigerantes; minha sogra preparou um lanche de carne delicioso e trouxe guloseimas para as crianças. Todos estavam animados, mas também havia certa angústia no ar. Um dia antes de buscá-los, fomos ao shopping para comprar toalhas de piscina novas para a turminha, pois o parque que íamos visitar tinha um grande chafariz, que certamente seria a alegria das crianças.

No dia seguinte, acordamos cedo, ansiosos, e fomos buscar nossos filhos. Eles estavam animados, esperando por nós com uma bolsinha nas mãos, contendo algumas peças de roupa. No caminho, paramos para comprar pão. Quando descemos do carro, percebi que todos os olhares estavam voltados para nós. Fomos ao caixa para pagar, e naquele momento senti pela primeira vez o peso do preconceito. Nossos filhos nos chamavam de pai e mãe, e as pessoas ao redor faziam caretas, como se aquilo fosse algo estranho ou inadequado. Foi profundamente desconfortável, e percebi que as crianças também notaram a situação.

Chegando ao parque, as crianças foram muito carinhosas e receptivas com a nossa família. Me lembro de ver os olhos da minha mãe se encherem de lágrimas. Brincamos, comemos muito, e algumas situações naquele dia nos marcaram profundamente. Flávio, por exemplo, passou o tempo todo cuidando dos irmãos, como se fosse responsável por eles. Ele não brincava, mantendo sempre um olhar atento e assustado. Em determinado momento, Maurício chamou as crianças para brincar e percebeu que Flávio, automaticamente, deu as mãos aos irmãos. Com gentileza, Maurício se abaixou ao nível dos olhos dele e disse:

— Filho, chega de cuidar dos seus irmãos, tá bem? Eu sou o pai agora! Eu assumo daqui!

Tatão, apelido carinhoso do Flávio, deu um sorriso hesitante e enfim saiu correndo para brincar, liberado da responsabilidade que carregava, pelo menos naquele dia. No final da tarde, nos sentamos todos em um quiosque próximo à represa. Peguei o Tutu no colo, e imediatamente Fabrício começou a chorar, dizendo:

— Estou com dor! Está doendo muito! Ai, ai...

Assustada, eu o peguei no colo e tentei entender o que estava acontecendo, mas ele não sabia explicar onde doía. Logo, porém, parou de chorar, e o momento de pânico passou.

Durante todo o passeio, Flávia estava inquieta, reclamando de tudo. Uma hora era o sol, depois a água gelada, a comida ruim, os irmãos que eram chatos, o passeio que estava monótono. Ela se recusou a comer as comidas que as avós tinham preparado e comeu apenas as guloseimas. Apesar dessas pequenas dificuldades, os quatro estavam sorridentes quando os deixamos no abrigo e ansiosos pelo nosso próximo passeio.

Na semana seguinte, recebemos a permissão para passar o sábado e o domingo com nossos filhos. Seria a primeira vez que eles dormiriam na nossa casa. Embora muito felizes, estávamos preocupados, pois não tínhamos colchões suficientes, e o problema do carro persistia. Com a ajuda de amigos e familiares, conseguimos alguns colchões usados, e um colega de trabalho do Maurício nos emprestou um carro de cinco lugares. Mas, como Maurício acabou conseguindo um serviço de última hora, fui sozinha buscá-los.

Quando cheguei ao abrigo, eles estavam animados, brincando no pátio. O sol do meio-dia iluminava suas risadas, criando um contraste com o cheiro de grama recém-cortada que pairava no ar. Tutu estava no berçário, e fui até lá pegar meu filhote. O abrigo nos emprestou uma cadeirinha de proteção para o carro, e eu, toda desajeitada, acomodei as crianças. Flávio se sentou no banco da frente e ficou em silêncio durante todo o caminho. Flávia, sentada entre os irmãos, ficava me observando pelo retrovisor, com os olhos grandes e curiosos.

Quando pegamos a rodovia, ela soltou do nada:

— Eu tenho um amigo que acabou de ser devolvido, sabia?

Nós sabíamos dessa devolução, pois a equipe técnica havia nos alertado que isso poderia, de alguma forma, afetar nosso processo de aproximação. Ainda assim, confesso que não esperava aquela pergunta tão direta. Sem jeito, respondi:

— Sei, sim, fiquei muito triste por isso! O que você achou dessa situação?

Com uma expressão dura e um gesto de desprezo nos ombros, ela comentou:

— Certeza que ele fez alguma coisa para merecer. Deve ter aprontado.

Fiquei perplexa. Minha filha tinha só 9 anos e demonstrava uma dureza incomum nas palavras. Senti o coração apertar no peito. Respirei fundo, tentando suavizar a situação, e disse:

— Sabe, Flávia, os adultos também erram. Seu amiguinho pode ter desobedecido ou feito algo que não agradou, mas a responsabilidade pela devolução não pode ser colocada sobre ele. Isso provavelmente aconteceu porque esses pais não conseguiram lidar com as próprias expectativas. Acredito que todos estão sofrendo com tudo isso, mas, sem dúvida nenhuma, seu amigo foi quem saiu mais ferido. E eu sinto muito por isso, de todo o meu coração.

Ela ficou quieta, desviando o olhar, como se quisesse demonstrar que não se importava. No entanto, dava para sentir a tristeza escondida atrás daquela fachada. Olhei pelo retrovisor, buscando sua atenção, e declarei com firmeza:

— Não prometo que serei a melhor mãe do mundo, mas prometo, aqui e agora, que não vou desistir de vocês.

Seguimos viagem, e o sábado foi muito divertido. Fomos ao shopping, brincamos no parque e, à noite, eu e a Flávia cozinhamos juntas. Na hora de dormir, colocamos todos os colchões no nosso quarto, para ficarmos juntinhos. A casa estava cheia de risos, o som das brincadeiras ecoando pelas paredes. Tutu estava bastante assustado e não conseguia pegar no sono. Aconcheguei-o na minha cama, grudadinho comigo. No meio da noite, senti um movimento brusco e, de repente, ouvi: bum!

Tutu caiu da cama! Felizmente, um dos colchões ao lado da cama amorteceu a queda, e ele logo voltou a dormir, abraçado a mim, buscando conforto. A cada encontro, o retorno para o abrigo se tornava mais doloroso.

Naquela semana, Flávia e Fabrício tiveram uma apresentação de ginástica rítmica, e a psicóloga do abrigo nos convidou para assistir. Mesmo com a chuva intensa, decidimos ir de moto. A grana estava curta, e quase não havia mais recursos para os pedágios. Chegamos quase em cima da hora, os dois encharcados e cansados. Na frente do teatro, ao lado dos amiguinhos, as crianças aguardavam ansiosas por nossa chegada. Quando nos viram, Fabrício disse para a Flávia:

— Falei que eles vinham. Falei pra você!

Flávia, toda sem graça e com ar de deboche, respondeu:

— Em cima da hora, mas vieram.

Ficamos muito sem graça com o comentário. Tínhamos nos esforçado tanto para estar ali... Caminhamos em direção à galeria do teatro, junto com Flávio. Enquanto isso, Flávia e Fabrício foram se sentar com os amigos. Nesse dia, pela primeira vez, Flávio me abraçou de verdade, passando o tempo todo de mãos dadas conosco. Foi um momento de grande emoção. Enquanto aguardava sua vez de dançar, Fabrício parecia inquieto, como se estivesse com formigas no short, apontando para nós o tempo todo e dizendo, radiante:

— Meus pais estão ali!

Nossos filhos dançaram maravilhosamente bem, e todos nos abraçamos ao final da apresentação. Passamos um tempo precioso com nossos filhos, conhecemos seus amigos e mais alguns "tios" do abrigo. O dia tinha sido muito emocionante, e nos despedimos prometendo que, no próximo passeio, eles ficariam mais tempo conosco. Explicamos que ainda não tínhamos um carro para buscá-los, mas estávamos determinados a resolver essa questão o quanto antes. Voltamos para casa novamente debaixo de chuva, mas agora repletos de felicidade.

* * *

Passada mais uma semana, um feriado prolongado havia chegado, e poderíamos aproveitar a data juntos. Que alegria! Estava tudo planejado. O amigo de Maurício nos emprestaria o carro de novo, e dessa vez quem iria buscar a turminha seria o papai. Na quarta-feira, por volta das três da tarde, o colega de Maurício ligou, avisando que havia sofrido um pequeno acidente e que o carro tinha sido guinchado. Na hora, ficamos sem chão. Não tínhamos um plano B. Não dava tempo de comprar passagens de ônibus para buscá-los. Tínhamos combinado de chegar ao abrigo às cinco e sabíamos que as crianças deviam estar muito ansiosas.

Meio que sem pensar, entramos no nosso carro e fomos em direção a uma locadora de automóveis. Por ser véspera de feriado, a agência estava lotada. Ficamos na fila e, quando chegou a nossa vez, descobrimos que só tinha mais um carro disponível. Nem questionamos o valor e aceitamos de imediato. Fizemos o cadastro, e, na última etapa, a atendente falou:

— Vou precisar de um cartão de crédito para deixar no cadastro.

Fiquei muda na hora. Nós tínhamos cancelado todos os nossos cartões para evitar gastos. O desemprego era uma sombra imensa em nossos dias, e não podíamos dar sorte ao azar. Sem graça, respondi:

— Eu não tenho cartão, mas posso deixar a quantia em dinheiro como caução.

A atendente me olhou, chacoalhou a cabeça negativamente e disse:

— Infelizmente não é possível alugar sem cartão de crédito.

Tentei de todas as formas explicar o quanto aquele aluguel era importante, mas ela não conseguiu nos ajudar. Não tínhamos ninguém para nos emprestar um cartão assim, tão em cima da hora. Saímos da loja, nos sentamos no carro, e, nesse momento, desabei a chorar. Senti um nó na garganta, um misto de impotência e medo. Enxuguei minhas lágrimas com as costas da mão e clamei:

— Deus, as barreiras são enormes, estou com tanto medo... Por favor, nos ajude.

Maurício, muito triste, me abraçou forte, e senti o calor de seu corpo me aquecer por um breve instante. Ele falou que iria pedir o carro dos seus pais. Pedir ajuda aos nossos pais naquele momento não era confortável para nós; estávamos tentando não deixá-los preocupados com o desemprego e a chegada das crianças, pois temíamos que, de alguma maneira, isso pudesse afetar a aceitação deles com a adoção. No fim das contas, Maurício decidiu que era melhor falarmos a verdade e ligou para o pai, que emprestou o carro prontamente.

Mesmo chegando bem depois do horário combinado, ele conseguiu buscar as crianças, e no fim das contas passamos aquele feriado curtindo muito, bem juntinhos.

Aos poucos, uma amizade profunda e verdadeira foi se formando entre todos nós. Radiantes, as crianças mal conseguiam conter a animação e contavam ansiosamente os dias para finalmente se mudarem para a nossa casa. Cada encontro trazia um brilho novo aos seus olhos, e o calor de seus abraços parecia sempre mais apertado. Com as férias escolares se aproximando, fizemos um pedido especial à equipe técnica, solicitando autorização para que eles pudessem passar mais tempo conosco. Os funcionários nos pediram um pouco de paciência, porque primeiro precisariam conversar com o juiz e assim decidir qual seria o melhor caminho a seguir.

Naquela mesma semana, aconteceria a formatura da creche do Tutu, e fomos gentilmente convidados para participar desse momento tão importante. Meu coração se encheu de alegria ao imaginá-lo segurando seu canudo, sorrindo para as fotos, mas a realidade me puxou de volta. Com minha agenda cheia de experimentos no laboratório e de retornos dos pacientes, infelizmente não pude ir. Senti uma tristeza profunda por não estar lá para ver nosso filho nessa ocasião especial. No entanto, eu sabia que precisava concluir meu projeto de pesquisa se quisesse levar adiante a ideia de me afastar do trabalho por um tempo e me dedicar integralmente ao cuidado das crianças.

Maurício conseguiu reorganizar seus compromissos e foi prestigiar a formatura do Tutu. Ele me contou depois, com a voz embargada de emoção, que nosso pequeno ficou eufórico ao vê-lo chegar. Eles tiraram inúmeras fotos juntos, e cada uma delas capturava a mais pura alegria estampada no rosto do nosso filho. Durante a cerimônia, Maurício me enviou áudios, e, ao ouvir a vozinha feliz do Arthur, senti meus olhos se encherem de lágrimas. Mesmo distante, pude sentir o calor daquele momento, e o som da risada do Tutu me trouxe um conforto imenso. Era como se, por alguns segundos, eu estivesse lá, abraçando-os e compartilhando aquelas pequenas, mas preciosas conquistas. Nesse dia, as professoras do Arthur contaram ao Maurício que nosso filho não parava de falar da gente e que, na segunda-feira seguinte após nos conhecer, chegou na creche dizendo:

— Agora eu tenho mamãe e papai.

Foi impossível conter as lágrimas ao ouvir isso.

Poucos dias depois, encontramos o anúncio de uma Spin 2014 que caberia direitinho no orçamento, como um presente de Deus. Embora tivesse muitos quilômetros rodados e não fosse o carro dos sonhos, era a única opção naquele momento. Não foi fácil, mas decidimos financiar uma parte do valor, e ainda assim sentíamos ter achado um tesouro. A sensação de segurança que o carro nos trouxe, imaginando as crianças todas acomodadas, era indescritível.

Com a mesma dedicação, adquirimos camas e guarda-roupas para os quartos, tudo escolhido com tanto carinho que parecia que estávamos montando um quebra-cabeça de amor. Flávia, nossa princesinha sonhadora, ganhou uma cama em formato de casinha, e conseguimos realizar esse desejo usando parte da rescisão do Maurício. O quarto das crianças foi decorado de acordo com as cores que cada um escolheu, e, mesmo sendo tudo muito simples, estava cheio de detalhes que transmitiam nosso amor. Era como se cada pincelada nas paredes e cada peça de mobiliário fossem testemunhas de nosso cuidado e afeto.

Eu me sentia como uma mãe prestes a dar à luz, aproveitando cada segundo dos preparativos. Decidimos fazer um chá de boas-vindas, uma ocasião deliciosa e emocionante para compartilhar um momento especial com pessoas queridas. Optamos por realizar o evento apenas no meu trabalho, onde a alegria da notícia já havia contagiado a todos. Em cada convite — que as próprias crianças ajudaram a fazer —, mencionamos apenas o nome de uma das crianças por vez, descrevendo algumas características físicas e coisas de que eles gostavam. Não queríamos sobrecarregar nossos convidados e achamos mais sensato sugerir que cada pessoa presenteasse uma criança apenas. Não estipulamos presentes, mas, para nossa surpresa e felicidade, meus colegas foram supergenerosos. Recebemos muitos presentes, roupas e brinquedos que ajudaram a compor esse início de vida em família. Quando as crianças viram tudo aquilo, foi uma alegria que só. Fizemos uma baita festa com todos os presentes, provando cada roupa e brincando com cada brinquedo. A empolgação delas era palpável, e a felicidade, estampada em cada sorriso. Passeando no shopping para trocar algumas peças, sentíamos a emoção de uma família crescendo, de um jeito cada vez mais forte. Parecíamos saídos de um comercial de televisão, cada passo reafirmando os laços que estávamos construindo.

No sábado, levei os meninos para cortar o cabelo e organizei um jantar em casa para apresentar as crianças aos meus avós. O corte de cabelo demorou bastante, e acabei me atrasando para o meu próprio jantar. Todos se divertiram com a situação (risos).

No domingo, fizemos uma viagem até Arthur Nogueira para um almoço especial com minha família paterna. Foi um dia realmente agradável, daqueles que aquecem o coração, cheio de abraços apertados e sorrisos sinceros. Meus filhos receberam tanto carinho que era quase palpável o amor que se espalhava pelo ambiente. Todos ficaram encantados com a conexão forte entre nós, uma amizade que já parecia antiga, apesar do pouco tempo juntos. Era como se tudo fosse perfeito.

Mas, como nem tudo é perfeito, e sendo eu uma boa mãe de primeira viagem, acabei me esquecendo de levar as roupas de piscina. As crianças, ansiosas para mergulhar, ficaram desapontadas ao perceber que não poderiam nadar, especialmente por conta do calor intenso.

Mesmo assim, tentamos aproveitar ao máximo o momento, buscando outras formas de diversão para manter o clima leve e alegre.

A cada novo encontro, voltar para o abrigo ficava mais difícil e doloroso. Queríamos passar mais tempo juntos, como uma verdadeira família que somos. Nesse dia em particular, enquanto nos despedíamos, Flávia, com seus olhos grandes e cheios de esperança, me perguntou:

— Quando vamos poder ficar pra sempre com vocês? Daqui a pouco vou sair de férias da escola.

Aquelas palavras encheram meu coração de alegria e emoção. Pensei comigo mesma: “Ela enfim nos aceitou!” E foi aí que percebemos que precisávamos acelerar os preparativos, pois as férias estavam cada vez mais próximas, e a ansiedade por tê-los definitivamente conosco só aumentava.

Então, na manhã do dia 4 de dezembro, uma ligação interrompeu meus pensamentos. Do outro lado da linha, a notícia que mudaria nossa vida para sempre: o juiz havia liberado a guarda provisória, e poderíamos buscar nossos filhos em alguns dias. Fiquei tomada por uma emoção tão grande que as lágrimas começaram a rolar antes mesmo que eu pudesse conter. Meu coração batia tão forte! Era como se estivesse explodindo de felicidade dentro do peito. Não conseguia acreditar que, após tantas batalhas, tantos momentos de incerteza e ansiedade, finalmente nossa família estava prestes a começar essa história juntos.

Enquanto absorvia aquela notícia maravilhosa, só conseguia agradecer a Deus por todo amor e cuidado que Ele havia derramado sobre nós. Sentia uma gratidão imensa por todo pequeno detalhe que nos levara até ali. Naquele instante, soube que, não importavam os desafios que viessem, estávamos prontos para começar essa nova fase da vida, unidos como uma verdadeira família.

Na véspera do grande dia, nossa casa virou um redemoinho. Lavamos e limpamos cada canto com um carinho especial, tentando remover não só a poeira, mas também qualquer vestígio de ansiedade. O cheiro de tinta fresca ainda pairava no ar, misturado ao perfume suave dos lençóis recém-lavados, que já estavam prontos para vestir as camas que ainda não haviam chegado. Cada movimento era uma tentativa desesperada de preparar um lar que acolhesse as crianças não apenas física, mas também emocionalmente, com todo o amor que guardávamos no peito. Só tínhamos as roupas que ganhamos no chá de boas-vindas, mas isso não importava. Nosso amor era tão grande, que parecia preencher cada vazio deixado pela falta de móveis e brinquedos.

Nosso coração transbordava com uma alegria indescritível no dia 6 de dezembro de 2019, data em que fomos ao fórum para assinar a documentação da guarda provisória. A emoção era tanta que mal conseguíamos controlar o tremor nas mãos enquanto segurávamos as canetas.

Assim que saímos de lá, com os documentos nas mãos e o coração batendo feito tambor de tamanha felicidade, fomos direto para o abrigo. O caminho parecia mais curto, como se o tempo e o espaço estivessem conspirando para acelerar o momento tão aguardado. Chegamos sorridentes e muito empolgados, nossos rostos iluminados por um brilho que só a felicidade verdadeira pode proporcionar. Contudo, ao cruzar os portões do abrigo, percebemos que nem todos pareciam tão felizes.

Os acolhidos e os tios do abrigo se reuniram na área externa, e o ambiente, que normalmente era preenchido com o som de risadas e brincadeiras, estava envolto em uma emoção densa e palpável. As crianças mais velhas nos olhavam o tempo todo, e nossos filhos, especialmente os mais velhos, pareciam presos entre o desejo de uma nova vida e a dor de deixar o mundo que conheciam. Ali, cercados pelos que foram sua família por mais de três anos, era impossível não sentir o peso dos laços profundos que eles haviam criado com os cuidadores e os outros profissionais, que se tornaram parte inseparável da vida deles. Cada despedida era um adeus a um pedaço da infância, e foi muito doloroso ver os olhares perdidos das outras crianças.

Era impossível ignorar a angústia que pairava no ar. É claro que as outras crianças se alegravam pelos amigos que estavam partindo para uma nova vida, mas, por trás dos sorrisos tímidos, elas também se perguntavam quando chegaria sua vez. Um adolescente em particular se aproximou de mim, o rosto sério e os olhos cheios de uma dor que parecia muito maior do que sua idade deveria suportar, e, calculando cada palavra, me pediu com a voz rouca:

— Cuida bem do Tutu, tia. Ele não merece sofrer mais.

Aquelas palavras cortaram meu peito, me atravessaram como uma flecha. Senti o peso da tristeza nos olhos daquele jovem, um peso que parecia carregar todas as decepções e frustrações de uma vida inteira. Sem pensar muito, mas consciente daquela responsabilidade, respondi:

— Pode ficar tranquilo! O Tutu agora é meu filho!

Ele então me olhou no fundo dos olhos, com uma seriedade que fez minhas pernas quase falharem, e disse:

— É exatamente por isso que você precisa cuidar muito bem dele, tá?

Uau! A fala daquele menino foi como um soco no estômago, tirando meu fôlego e me trazendo uma avalanche de emoções. Era um pedido profundo, uma súplica que carregava em si uma história de dor, decepção e esperança. Naquele momento, percebi a profundidade do que estávamos assumindo, a responsabilidade que tínhamos nas mãos.

Depois de longos abraços de despedida, tiramos algumas fotos que capturaram os últimos momentos daqueles laços sendo desfeitos, pegamos as malas dos nossos filhos e fomos para o carro. No caminho de volta, o silêncio era assustador. Cada um de nós parecia perdido em pensamentos, sentindo o peso do que havia acabado de acontecer. A empolgação dos passeios anteriores, das visitas cheias de risos e expectativas, não estava presente. Naquele momento, percebemos que a realidade era muito diferente do que havíamos imaginado. Estávamos iniciando uma nova etapa, mas ela começava com um silêncio que falava mais alto do que qualquer palavra poderia expressar. Após uma batalha intensa, eu estava prestes a abraçar o papel tão esperado de ser mãe dessa adorável turminha.

Enquanto a estrada se estendia diante de nós, a felicidade era ofuscada pela sombra do medo. No fundo, todos ali sabíamos que, embora repleto de certeza e alegria, aquele momento era o início de uma jornada também repleta de descobertas e dificuldades. A tensão do que estava por vir pairava no ar, como um lembrete sutil de que a verdadeira luta para construir um lar, fortalecer laços e curar as feridas do passado estava só começando. Nossa celebração era ao mesmo tempo convite à resiliência e certeza de que, a partir dali, nada seria como antes.

Registro da minha infância.
Um tempo simples, de laços
e sorrisos inocentes, sem
imaginar os caminhos
que a vida ainda
iria me apresentar.

30 de abril de 2005.
Eu, com 18 anos, e Maurício,
com 23, dissemos sim.
Ali começava a nossa
família, cheia de sonhos
e expectativas.

Minha formatura, em
dezembro de 2016. Coloquei
o capelo de formanda no
Maurício porque sem ele eu
não teria concluído o curso.
Naquele momento, já
ingressando direto no
doutorado, via meu marido
como meu maior incentivador.

Essa foi uma das cachorrinhas resgatadas pela ONG Laticão, da qual sou cofundadora e fui presidente por sete anos.

Nosso primeiro encontro com os quatro irmãos, em outubro de 2019. Um dia de muitas brincadeiras e muitos sorrisos, mas também de desconforto, afinal era uma experiência nova para todos nós.

Bibi, com 6 aninhos, na fase de aproximação. Ainda tímido nas primeiras visitas à nossa casa.

Primeiro Dia das Mães com os meus filhos. Apesar do sorriso e do abraço, meu olhar revela o cansaço e a exaustão de uma fase muito difícil para todos nós.

Eu e Flávio um ano após a chegada deles, já próximos da audiência de adoção. Ele havia crescido muito e perdido 12 quilos, então estava com a autoestima lá no alto.

Arthur, com 3 aninhos, em um dos nossos piqueniques em praças isoladas, no auge da pandemia.

Primeira ida da Tata a um salão, pouco depois de chegar em casa. Nesse dia, ela estava cheia de inseguranças com os cachos, mas recebeu os cuidados de uma especialista e saiu de lá ainda mais linda, por dentro e por fora.

Eu e Flávia no início do processo de adoção. Nesse passeio, parecíamos tranquilas para quem olhava de fora, mas ainda estávamos aprendendo a lidar com tantas dores, minhas e dela, e a construir nosso vínculo.

Primeira festinha de aniversário da Bibi e do Tutu, em julho de 2021.

Natal de 2022.

Depois de tantas batalhas, a mudança para a chácara foi um grande marco. Estávamos em um novo lar, e era uma fase de recomeço, com a esperança de dias mais estáveis em família.

Aniversário de 17 anos da Naty, em dezembro de 2022.

Foi a primeira vez que ela aceitou passar o dia na nossa casa. Quando vimos essa foto, sentimos como se ela já fizesse parte da família.

Em meio à alegria
de uma festa junina
na escola dos irmãos,
o sorriso da Naty mostrou
que a nossa família já
era a dela também.

Nossa primeira vez na
praia depois da chegada da
Naty. Papai posando todo
orgulhoso, e nós, agora uma
família de sete, vivendo uma
nova rotina em um lugar
que se tornou tradição.

Naty, já vinculada
e transformada,
mostrando em cada
detalhe a alegria de
ser quem é.

O dia em que conhecemos pessoalmente o Manu, em dezembro de 2024. Um encontro cheio de insegurança e expectativa, mas fundamental para o início da nossa caminhada juntos.

Na despedida do Manu no abrigo, funcionários e acolhidos nos cercaram de mensagens de encorajamento e amor. Manu sorria, mas ainda com um leve distanciamento de nós.

O dia da chegada do Manu. Os irmãos prepararam um bolo e uma mensagem de boas-vindas, tudo surpresa, para recebê-lo com muito afeto.

Um dia comum em casa, reunidos à mesa e valorizando a construção de memórias afetivas.

Capítulo 8

OS DESAFIOS DE UMA NOVA FAMÍLIA

Os primeiros meses desse novo capítulo foram marcados por uma intensidade avassaladora, que parecia nunca dar trégua. Cada dia se tornava uma montanha-russa de emoções, entrelaçando momentos desafiadores, de exaustão e incerteza. Eu me desdobrava até o limite, como se estivesse dividida em dez, tentando assegurar que nada faltasse para as crianças sob meus cuidados. A sensação de estar sempre em alerta era desesperadora. Meu coração batia rápido e pesado no peito, sempre à espera da próxima necessidade urgente de um dos filhos. Era um esforço sobre-humano, uma dança delicada entre ser mãe, amiga, conselheira e cuidadora. O peso das responsabilidades muitas vezes me fazia sentir como se estivesse segurando o mundo nas mãos, sem poder deixar cair nem por um segundo.

O abrigo, que sempre demonstrou um carinho especial, enviou gentilmente algumas roupas e sapatos, um gesto tocante que parecia simbolizar o início de um novo capítulo. As crianças, ainda embaladas pela ansiedade e pela esperança, levaram consigo brinquedos, cartas e pequenos tesouros que valorizavam como se fossem pedaços preciosos de seu passado. Com os olhos brilhando de uma mistura de nostalgia e expectativa, Flávia trouxe uma maquete que havia feito em uma atividade da escola, e aquilo parecia representar não apenas um trabalho escolar, mas uma parte da infância da qual estava se despedindo.

Decidimos registrar o momento com uma foto, na esperança de eternizar aquele gesto significativo e o brilho de seus olhos ao explorar o novo ambiente. Pouco depois, ela foi ao seu quarto, e era nítida a alegria no rosto dela ao ver a decoração e o novo guarda-roupa, com uma imensa porta espelhada. Era a primeira vez que aquela menina tinha um guarda-roupa só para si — um detalhe que, naquele momento, parecia ganhar um significado especial, pois, durante muito tempo, nossa filha havia compartilhado até mesmo roupas íntimas. Deixei-a explorar seu novo espaço e fui desmontar a mala dos meninos.

Quando retornei para o quarto da minha filha, vi uma Bíblia cor-de-rosa e vários ursinhos de pelúcia sobre a cama.

— Que lindo, filha!

Antes mesmo de eu concluir a frase, Flávia respondeu, com um olhar que carregava desafio:

— Essa Bíblia foi a minha mãe quem me deu!

Aquelas palavras, carregadas de uma importância silenciosa, me pegaram de surpresa. Sem saber bem o que falar, respondi carinhosamente:

— Isso significa que ela é especial demais, e você deve guardar com muito carinho.

Ela apenas balançou a cabeça, concordando com um gesto que parecia dizer mais do que palavras poderiam expressar. Eu fiquei ali, sem saber como proceder, e apenas sorri com um olhar amoroso que tentava transmitir tudo o que meu coração sentia. A noite foi estendida até tarde, como se quiséssemos absorver cada detalhe desse novo e confuso cenário. No entanto, a tranquilidade da madrugada logo foi interrompida por acontecimentos inesperados.

Por volta das duas da manhã, um choro alto e angustiado cortou o silêncio da casa. Me levantei correndo e fui ao quarto da Flávia, onde Fabrício estava, desesperado. Seus pequenos braços e mãos estavam contorcidos, parecia uma convulsão, mas ele estava completamente consciente. A cena era aterrorizante. Tentei pegar Fabrício no colo, mas isso só pareceu piorar a situação. Minhas lágrimas se juntaram às dele, um reflexo de minha impotência diante do sofrimento que ele estava enfrentando. Maurício tentava me acalmar, mas a aflição persistia. Foram mais de quarenta minutos de crise e, eventualmente, quando ele começou a relaxar, sussurrei, com a voz trêmula:

— Filho, eu não sei o que fazer, estou assustada. Desculpe a mamãe! Não sei como te ajudar.

Quanto mais eu tentava falar ou tocar nele, mais seu corpo enrijecia. Totalmente desesperada e em lágrimas, eu disse:

— Descansa, filho. Quando se sentir à vontade, vou estar aqui para te ouvir.

Ele se deitou, virou e dormiu, mergulhando em um sono que parecia ser um alívio tanto para ele quanto para mim. Naquela noite, me vi afundando em um abismo de desamparo e culpa. O medo e a incompreensão me dominavam, eu buscava respostas em meu interior. Fui para a sala, me ajoelhei e chorei compulsivamente, o som das lágrimas misturando-se com o sussurro da noite, enquanto me questionava se seria uma mãe boa o suficiente para os meus filhos.

O amanhecer trouxe uma aparente sensação de normalidade. Fabrício estava radiante e imerso em brincadeiras, como se a turbulência da noite anterior tivesse sido apenas um sonho distante. No entanto, as crises se tornaram frequentes, chegando a acontecer de três a quatro vezes por semana, por mais ou menos seis meses.

Diante de tanta ansiedade, Tutu, que já estava desfraldado, voltou a fazer xixi e cocô na roupa. Às vezes, a gente mal saía do banheiro e, quando chegava à porta, ele já se sujava outra vez. Esse comportamento durou uns três meses. De forma abrupta e inesperada, logo nos primeiros dias em casa, Tutu começou a me evitar com palavras e seu olhar estava carregado de algo que eu não conseguia compreender. Sempre que me aproximava para cuidar dele, ele dizia, muito bravo:

— Eu não quero você! Chama Tatão ou papai! Você não!

No início, isso não me incomodou tanto. Confesso que achei até um pouco fofinho, como uma birra passageira. Mas, com o passar dos dias, essa rejeição estava ficando cada vez mais frequente, quase um mantra doloroso. Eu não podia dar banho nele, pegá-lo no colo, colocá-lo na cadeirinha do carro, sequer pegar sua mão para atravessar a rua. Cada negativa era como uma punhalada silenciosa no meu coração, e muitas vezes falei para mim mesma: "Se o garotinho mais fofo que já conheci não gostou de mim, é sinal de que realmente eu devo ser uma péssima mãe..."

Algo que me chamava muita atenção era que, quando Arthur interagia com o pai, mantinha os olhos fixos em mim a todo momento, embora mantivesse certa distância. Seus olhos, penetrantes e cheios de uma intensidade que me desconcertava, pareciam guardar um mistério que eu ainda não conseguia desvendar. Era como se ele quisesse dizer algo que as palavras não conseguiam expressar, e essa comunicação silenciosa me deixava em constante estado de alerta e reflexão.

Uma semana após a chegada das crianças, participamos da festa de Natal do abrigo. Como a adoção não estava prevista quando a festa foi organizada, nossos filhos receberiam vários presentes de voluntários, o que nos deixou superfelizes, uma bênção inesperada que ajudou a compor o enxoval da turminha. A festa aconteceu em um sábado à tarde; naquele dia, como Maurício iria trabalhar, por isso minha sogra e sobrinha vieram para me ajudar com as crianças. No meio do caminho, Tutu começou a ficar enjoadinho e febril, e meu coração já se encheu de preocupação. Quando chegamos lá e descemos do carro, as crianças do abrigo correram para nos receber com abraços calorosos. O som das vozes animadas, misturado ao cheiro de pipoca e algodão-doce, criava uma atmosfera de festa que contrastava com o peso que eu carregava no peito.

— Tia, tia... vocês vieram! Vieram!

Gritavam, com os olhos brilhando de felicidade. Mas algumas perguntas cortavam todo o clima de alegria, cheias de uma angústia que ecoava nos meus próprios medos. Algumas crianças perguntavam com medo.

— Vocês não vão devolver eles, vão? Eles se comportaram, não é?

Meu coração se partia a cada frase. Curiosamente, nesse dia Tutu quis me dar as mãos, o que não acontecia desde o período de aproximação. Ele ficou grudado em mim o tempo todo, como se de repente eu fosse um porto seguro, só aceitando sair de perto para ir ao colo do seu cuidador preferido. As crianças ganharam muitos presentes, tantos que mal couberam no carro. Na vez de Tutu ir até o Papai Noel para receber os presentes, ele se negou e começou a chorar, as lágrimas rolando silenciosamente pelo rostinho febril.

Nesse momento, me ajoelhei ao seu lado, meu coração apertado, e perguntei suavemente:

— Filho, mamãe pode te acompanhar?

Eu já esperava uma negativa, mas, para minha surpresa, ele enxugou as lágrimas com o dorso da mão, olhou para mim com olhos grandes e tristes, e aceitou. Com um gesto tímido, ele me deu a mão e fui com ele até o Papai Noel. Confesso que naquele momento acreditei que, a partir daquele dia, Tutu começaria a permitir que eu me aproximasse novamente. Mas não foi assim... Chegando em casa, a frase "Eu não quero você" se tornou ainda mais constante, como um eco doloroso que reverberava alto.

Com o passar dos dias, Tutu começou a acordar à noite, chamando por uma das cuidadoras do abrigo. A saudade de um lugar que ele conhecia como lar misturava-se ao medo do desconhecido. Conversamos com a equipe técnica, e eles nos sugeriram que talvez fosse interessante levá-los ao abrigo para uma visita. Decidimos seguir o conselho e, ao conversar com as crianças, explicamos que seria uma visita rápida, apenas para matar a saudade e dizer oi. No caminho, Tutu pegou no sono e, quando estávamos nos aproximando do abrigo, acordou de repente, mega-assustado, dizendo com a voz entrecortada:

— Não quero ficar aqui! Não me deixa aqui!

Levamos um susto. Demorou alguns minutos para entendermos que ele pensava que estava sendo devolvido ao abrigo, que todo o carinho que tentávamos construir era apenas temporário. Com o coração na mão, olhei para ele e disse, fazendo carinho em seu cabelo macio:

— Calma, filho, você não vai ficar aqui. Vamos passear e voltaremos juntos.

Quando retornamos para casa, Tutu estava febril e enjoadinho de novo. Foi então que percebemos que, embora ele ainda fosse muito pequeno para articular seus sentimentos, o medo do abandono e do desconhecido era tão grande, que seu corpinho reagia de maneiras diferentes das que esperávamos. A rejeição continuou por meses, um lembrete constante do trauma que ele carregava.

Na tentativa de tornar nossa casa um ambiente alegre e acolhedor, buscamos ao máximo criar momentos de conexão e lazer. As visitas frequentes à piscina do condomínio da vovó Beth traziam uma pitada de diversão à rotina. A água fria e o riso das crianças ressoavam como música nos meus ouvidos, um alívio temporário para a tensão que pairava em casa. No entanto, comecei a notar mudanças sutis nos comportamentos dos quatro irmãos. Uma competição pela minha atenção emergia de maneira cada vez mais evidente. A expressão "Mãe, olha isso!" virou um mantra incessante, ecoando como um pedido desesperado por validação e amor. Cada um desejava minha presença exclusiva, e o desafio de atender aos quatro ao mesmo tempo me deixava exausta, com aquela sensação de inadequação materna pairando sobre mim o tempo todo.

Enquanto isso, Maurício, ainda desempregado, fazia o possível para levantar recursos para nossa família, o que o mantinha fora de casa por longas horas. Sem uma rede de apoio, eu me via sobrecarregada, lutando para equilibrar todas as demandas. Uma obsessão silenciosa crescia dentro de mim. Era como se eu tivesse ativado o modo "mãe perfeita" e fosse impelida a satisfazer cada possível necessidade dos nossos filhos, mesmo que isso significasse abdicar completamente de mim mesma. As tarefas domésticas, que nunca me agradaram, transformaram-se em uma missão. Minha casa tornou-se um exemplo de ordem e limpeza; qualquer vestígio de pó ou sujeira era imediatamente eliminado. O pequeno Tutu, que sofria com alergias, reforçava meu comprometimento em manter tudo extremamente limpo.

A comida passou a ser outra expressão do meu cuidado. Os pratos jamais se repetiam, e nossa alimentação era superbalanceada. Eu me esforçava para criar refeições inventivas, uma estratégia para familiarizar as crianças com legumes e saladas. Fabrício, abaixo da linha de crescimento, e Flávio, lutando com questões da obesidade, tornaram-se meus motivadores, e eu estava determinada a encontrar soluções para os desafios que enfrentávamos.

Quanto aos momentos de lazer, meus gostos pessoais foram postos de lado. Assistir aos meus programas favoritos na TV? Uma raridade. Os intermináveis desenhos animados dominavam nossa tela, uma escolha ditada pela grande audiência infantil da casa. Montes de roupa suja? Eu lavava e passava sem hesitação. Os quatro estavam acostumados a trocar de roupa todos os dias, mesmo quando passavam o dia dentro de casa e o clima pedia agasalhos. A quantidade de roupa acumulada era assombrosa, para dizer o mínimo. Descansar, frequentar a academia ou simplesmente aproveitar o ócio? Esses luxos não faziam mais parte do meu vocabulário. Meu tempo livre, aquele que eu nunca tinha (risos), era reservado a brincar com meus filhos, a mergulhar no mundo deles. Afinal, que tipo de mãe eu desejava ser?

Carregar um único filho nos braços? Não era uma opção viável. Se pegasse um, deveria pegar todos os quatro (e não estou exagerando), senão recebia olhares de reprovação e lábios franzidos, e já sabia que as brigas logo começariam entre eles. Era como se meus braços tivessem que se estender em várias direções, carregando o peso de cada um, no sentido não apenas literal, como também emocional. O simples ato de ir ao banheiro era uma missão de alta estratégia, exigindo um sigilo quase militar e uma engenhosidade silenciosa. Era um pequeno momento de privacidade que eu desejava muito, mas que raramente conseguia.

Certa vez, Flávio bateu na porta do banheiro, interrompendo meu raro instante de paz, e perguntou, com uma voz curiosa que ecoava pelo corredor:

— Mãe, o que você está fazendo aí?

Tentei conter o riso, embora o humor da situação fosse inegável, e respondi com um suspiro resignado:

— O número dois, Flávio. Deixa a mãe ir ao banheiro pelo menos, filho.

Achei que isso seria suficiente para satisfazer sua curiosidade, mas sua resposta me pegou desprevenida:

— Desculpa, mãe. É que não sabia que as mães também precisavam usar o banheiro.

Eu só conseguia pensar no quanto a imagem de uma mãe era idealizada para os meus filhos. Flávio tinha 11 anos e ainda não sabia que mãe é um ser humano como qualquer outro. Era como se mãe fosse uma espécie de super-heroína, uma figura intocável e perfeita. Aquela ideia me atingiu profundamente, como um peso invisível pressionando meu peito até quase me faltar o ar. No fundo eu sabia que jamais poderia ser a mãe perfeita que eles, na sua doce inocência e esperança, imaginavam ter. A verdade é que sou feita de carne e osso, sou uma mulher com falhas e limitações tentando dar o meu melhor a cada novo dia, mesmo que muitas vezes me sentisse distante de alcançar o que eles tanto ansiavam.

O clima em casa não era dos melhores. Havia uma tensão no ar, algo que me incomodava, mas que não conseguia definir com clareza. Se alguém me perguntasse o que eu estava sentindo, talvez não soubesse descrever com precisão. Era uma sensação difusa, como se todos estivéssemos em alerta constante, prontos para reagir a algo que não sabíamos bem o que era. As crianças, que antes nos cercavam de carinho, começaram a se afastar pouco a pouco, sem motivo aparente. De repente, já não pareciam mais as mesmas.

O Natal se aproximava, e eu tinha vários planos para a data. Queria que fosse um momento especial, cheio de luz e alegria, mas desde cedo percebi que havia algo errado. Meus filhos estavam visivelmente irritados, brigando entre si por motivos banais, e a Flávia parecia me ignorar. O silêncio dela doía mais do que qualquer palavra. Fiquei totalmente perdida e triste com isso. Na véspera de Natal, fomos à casa da família do Maurício. As crianças nos evitaram a noite inteira, mas de uma forma tão sutil, quase imperceptível, que partiu meu coração. Quando nos aproximávamos, elas recuavam, como se um muro invisível se erguesse entre nós.

Ao voltarmos para casa, a frustração e a dor me consumiam. Pela primeira vez, perdi o controle e gritei com eles. Minhas palavras saíram carregadas de raiva e desespero, mas, assim que o eco da minha voz reverberou pela sala, o peso da culpa caiu sobre mim. Chorei muito naquela noite, me sentindo a pior das mães. No dia seguinte, seguimos para Arthur Nogueira, a fim de passar o dia de Natal com a família do meu pai. Eu estava esgotada, já tinha perdido bastante peso, mas quem olhava de fora via apenas a fachada de uma família perfeita, enquanto por dentro eu tentava juntar os cacos.

O tempo foi passando, e a rejeição do Tutu persistia como uma sombra que não se dissipava. Certo dia, no meio da noite, ele acordou apavorado, gritando em desespero. O som rasgou o silêncio da casa, e meu coração disparou. Saltei da cama tão rápido que quase caí, meus pés frios tocando o chão gelado enquanto corria ao seu encontro. Quando cheguei ao quarto, ele me olhou com os olhos cheios de lágrimas e, chorando, balbuciou entre soluços:

— Mamãe! Mamãe!

Meu instinto materno tomou conta, e o abracei, sentindo seu pequeno corpo trêmulo contra o meu. Fomos até o banheiro, onde a luz suave iluminava nossos rostos. Enquanto ele ainda soluçava, eu disse:

— Calma, filho! Estou aqui com você. Foi só um sonho ruim, tá?

Ele me olhou nos olhos, com uma expressão de medo e confusão, e respondeu com uma voz frágil:

— Eu tenho uma cama do Mickey. Minha cama é do Mickey.

Por um momento, fiquei sem entender. Tentei segurar o riso nervoso e perguntei:

— Sério, filho? Você sonhou que tinha uma cama do Mickey?

Mas ele, com a convicção de quem não estava sonhando, apontou para o quarto e falou com firmeza:

— Quero minha cama, é do Mickey, não é essa.

Fiquei em silêncio por alguns instantes, tentando encontrar a melhor forma de responder. Então lembrei que, lá no abrigo, no berçário, havia uma cama com uma cabeceira do Mickey que Arthur adorava. Com um suspiro, compreendi a profundidade do que ele estava sentindo e, com toda delicadeza, disse ao meu pequeno:

— Meu filho, sei que você gostava muito da sua cama do Mickey, mas agora você tem essa treliche linda que o tio construiu especialmente pra você e seus irmãos. Se você quiser, eu posso comprar uma roupa de cama bem bonita do Mickey, pra ficar bem parecida com a outra cama. Mas, agora, essa é sua casa, essa é sua cama, e eu sou sua mamãe, para sempre.

Ele me abraçou com força, como se estivesse tentando absorver minhas palavras e torná-las reais. Senti o calor do seu corpo, seu cheiro de criança misturado com o leve aroma do perfume do pijama. Aos poucos, os soluços foram diminuindo, e ele sorriu através das lágrimas, um sorriso que era metade alívio, metade aceitação. E, assim, aninhado nos meus braços, adormeceu, com a cabeça encostada no meu peito enquanto eu sentia o pulsar suave do seu coração. No dia seguinte, Tutu acordou como se nada tivesse acontecido, voltando a ficar distante de mim.

As brigas entre os irmãos estavam cada dia mais frequentes, como se uma tempestade estivesse se formando dentro de casa. Era nítida a raiva que os irmãos mais velhos sentiam de Arthur. Apesar de serem irmãos e terem morado no mesmo abrigo, eles não conviviam diariamente, então o pequeno era quase um estranho para eles. Sempre que pegávamos Arthur no colo, automaticamente eles começavam a brigar entre si e, de maneira fria e deliberada, nos ignoravam, como se quisessem nos punir por dar atenção ao mais novo. Era muito angustiante, e isso nos fez muitas vezes evitar interagir com o pequeno.

Numa segunda à noite, já próximo da hora de dormir, eu estava na cozinha, arrumando as coisas, quando ouvi gritos seguidos de choro:

— Socorro! Ai, ai!

Meu coração gelou, e corri para o quarto, onde encontrei Tutu com a mão no olho, chorando, e o Fabrício com uma expressão de raiva contida. Antes mesmo que eu pudesse formular uma pergunta, meu filho mais velho se adiantou, com a voz carregada de frustração:

— Ele fica me enchendo o saco! Me provoca o tempo todo! Não gosto dele! Ele se machucou sozinho!

Me aproximei de Arthur e vi que a área ao redor do olho dele estava muito vermelha, quase inchada. Um desespero tomou conta de mim, misturado com uma raiva que não consegui segurar. Confesso que, naquele momento, minha voz saiu mais alta do que eu queria:

— O que você fez, Fabrício? Ficou maluco?

Arthur chorava copiosamente, seus soluços ecoando pelo quarto, enquanto minha mente corria a mil, lembrando que, no dia seguinte, receberíamos a visita da equipe técnica do fórum em nossa casa, para a nossa primeira avaliação do Estágio de Convivência. O medo de que aquele olho machucado fosse mal interpretado me paralisava. Na manhã seguinte, meu filho acordou com o olho meio roxo, uma lembrança visível do que havia acontecido. Fabrício estava supertriste. O golpe não tinha sido de propósito, ele tinha empurrado o irmão mais novo e depois entendeu que aquilo poderia nos prejudicar na avaliação. Assim que a assistente social chegou, ainda com o coração acelerado, eu disse:

— As crianças brigaram, e o Tutu se machucou. Me desculpe, não consegui impedir.

Meus olhos traziam o desespero da alma, temendo que ela me julgasse uma péssima mãe. Mas, para minha surpresa, a mulher me acolheu com um sorriso compreensivo e disse que entendia, que brigas entre crianças eram normais. Entramos em casa, e elas pediram para conhecer cada cantinho. Nossos filhos ficaram muito animados com a visita e pareciam até as crianças do início da adaptação; risonhos, amorosos, querendo mostrar o quanto era legal estar com a gente. Eu observava tudo, perplexa, como se estivesse em um sonho.

Quando as crianças se afastaram um pouco, começamos a conversar sobre os desafios desse período. Me lembro da psicóloga me olhando com intensidade e perguntando:

— Como vocês estão? As coisas estão indo bem?

Ainda insegura, respondi:

— Sim! As crianças estão bem. Temos alguns desafios, mas são coisas de criança.

Ela não pareceu satisfeita com a resposta superficial e, com um olhar ainda mais penetrante, perguntou novamente:

— Como *vocês* estão? Eu digo, vocês, pais...

Nesse momento, meus olhos se encheram de lágrimas, e falei com a voz embargada:

— Tem sido muito difícil, mas de um jeito totalmente diferente do que imaginei. As crianças parecem ignorar a gente, evitam contato, mas, ao mesmo tempo, querem ficar grudados em mim o tempo todo.

Mais uma vez, elas me acolheram com empatia e disseram que entendiam como era desafiador todo o processo. Avisaram que a situação poderia piorar antes de melhorar. A conversa foi um alívio e um alerta, um ponto de apoio no meio do caos. Comentei com elas que as crianças quebravam tudo, como se os brinquedos fossem descartáveis, e que parecia que nada tinha valor para eles. Foi então que elas me perguntaram:

— Mãe, você está colocando as crianças para ajudar nas tarefas de casa?

— De jeito nenhum! Eles são crianças. Merecem viver a infância.

Eu acreditava que estava protegendo meus filhos ao não deixá-los fazer nada além de tirar o prato da mesa. Para mim, isso era cuidar e zelar por eles. Mas a assistente social, com um tom firme, mas gentil, discordou:

— Pois então, a partir de hoje, estimule-os a contribuir com as tarefas. Isso faz bem para as crianças. Ajuda a trabalhar o pertencimento, a ensinar o valor das coisas e a estimular o cuidado.

Logo depois, como que num passe de mágica, Tutu veio até mim e fez algo que ele nunca fazia: deitou no meu colo feito o bebê que ele no fundo era. Não consegui conter o riso de surpresa e felicidade. A psicóloga, aproveitando o momento, perguntou:

— Está gostando da sua família?

E o arteiro, com um sorriso travesso, respondeu:

— Sim! Gosto da mamãe e do papai.

O mais curioso foi que, logo após a equipe técnica sair, fui dar um banho no Tutu. E pergunta se ele deixou? Coisa nenhuma. Voltamos ao mantra do "Eu não quero você!", a frase que ecoou por quatro longos meses, testando minha paciência e meu coração.

Os dias passavam, e eu observava as crianças brincando, suas risadas ecoando pela casa como uma melodia esperançosa em meio ao caos. O cansaço pesava em meus ombros, mas havia uma centelha de alegria que me fazia acreditar que estávamos no caminho certo. Sabia que ainda havia muito a enfrentar; inseguranças, rejeições e feridas são coisas que levam tempo para cicatrizar. O que me confortava era a conexão que começávamos a construir, um fio invisível que nos unia mesmo nas tempestades. Era um lembrete de que, apesar dos desafios, cada pequeno passo que dávamos juntos era uma vitória. A estrada à frente seria repleta de curvas e surpresas, mas, com coragem e amor, eu estava determinada a seguir em frente, mesmo sem saber direito aonde ela nos levaria.

Capítulo 9

A EXAUSTÃO MATERNA

Logo após as festas de fim de ano, comecei a procurar escolas para as crianças, e a tarefa se mostrou muito mais difícil do que eu havia imaginado. Conseguir vagas em escolas próximas foi um verdadeiro desafio. Com quatro filhos em fases diferentes, seriam necessárias pelo menos três instituições para acomodar todos. Arthur precisou permanecer mais um ano na creche, já Flávia e Fabrício estavam no ensino fundamental I. Flávio, por sua vez, cursava o fundamental II.

Minha prioridade era encontrar uma escola de ensino integral, pois sabia que seria quase impossível continuar trabalhando sem essa rede de apoio. A rotina já estava apertada, e Maurício, naquele momento, ainda não tinha um trabalho fixo, o que só aumentava a pressão. Abandonar minha carreira depois de tanto esforço não era uma possiblidade; eu simplesmente não podia desistir dos meus sonhos profissionais. Mas a sensação de impotência crescia a cada porta que se fechava.

Quando as opções de escola na região começaram a se esgotar, me vi perto de desistir do ensino integral. Era como se o ar ao meu redor estivesse mais pesado e o coração, apertado de frustração. No entanto, quando menos esperava, recebi a notícia de que havíamos conseguido vagas para todos. Coisa de Deus, não dá para explicar. Foi como se uma brisa suave entrasse pela janela naquele instante, levando consigo o peso da preocupação que me sufocava. A alegria foi tão intensa, que meus olhos se encheram de lágrimas. Aquela vitória não tinha apenas a ver com vagas em escolas, mas com a chance de seguir em frente, trabalhando e ajudando no sustento da nossa família.

O início das aulas trouxe um alívio muito necessário. O clima em casa era pesado, denso como uma nuvem prestes a desabar, e eu me sentia exausta, sobrecarregada. Poder sair para trabalhar enquanto as crianças estavam na escola era, para mim, uma necessária chance de respirar fundo e encontrar forças novamente. As crianças, por outro lado, estavam ansiosíssimas e mal podiam conter a animação. Durante a semana anterior, quase não conseguiram dormir, tamanha era a ansiedade para conhecer a nova escola e os novos amiguinhos. Flávia perguntava direto:

— Será que as meninas vão ser metidas?

Na véspera do primeiro dia de aula, eu me sentei com eles para uma conversa importante. Expliquei que não precisavam falar sobre a adoção com os colegas, a menos que se sentissem confortáveis para isso. Sabia que, por sermos fisicamente diferentes, as pessoas poderiam perguntar. Pedi apenas que fossem cuidadosos ao compartilhar detalhes íntimos deles. Não porque devessem sentir vergonha ou tristeza pelo que viveram, mas porque nem todos estão preparados para agir com empatia e respeito diante das nossas dores. Era um cuidado que sabia ser necessário, uma forma de proteger suas ainda frágeis cicatrizes.

Tutu foi o primeiro a começar as aulas. Como é comum em muitas creches, precisei acompanhá-lo nos primeiros dias para facilitar sua adaptação. Ele estava radiante com sua nova mochila do Rei Leão, que amava de paixão. Cada vez que olhava para ela, seus olhos brilhavam de alegria. Em nosso primeiro dia, ele ficou bem pertinho de mim e, com aquele jeito doce e carinhoso, me apresentou aos amiguinhos como sua mamãe. Meu coração se derreteu com tanto carinho.

Tutu sempre foi bastante independente. Então, após dois dias de adaptação, já estava pronto para seguir sozinho. Isso foi um grande alívio, pois não havia ninguém para ficar com seus irmãos, o que me deixava muito preocupada. Ainda assim, aqueles breves momentos juntos na creche, o calor do pequeno corpo ao meu lado e o cheiro familiar da sua mochila nova me deram a sensação de que, aos poucos, estávamos encontrando nosso caminho.

Quando as aulas dos mais velhos começaram, passamos por uma situação que até hoje me arranca risadas. No fim do primeiro dia de aula, fui buscar Fabrício, e, assim que entrei, a professora me olhou com um sorriso divertido e disse:

— Fabrício é um garotinho encantador, viu? Hoje fizemos uma roda de apresentação e, quando chegou a vez dele, ele se levantou e disse: "Eu sou o Bibi, vim de outra cidade porque fui adotado. Agora tenho pai e mãe, e isso é tudo o que vocês precisam saber."

Congelei. Não sabia se ria, se me preocupava ou se fazia as duas coisas ao mesmo tempo. Sentindo um misto de surpresa e orgulho, só consegui devolver o sorriso para a professora, sem palavras para expressar o turbilhão de sentimentos que me invadiu.

Quando entramos no carro, perguntei, com cuidado, se estava tudo bem. Fabrício, com a maior serenidade do mundo, respondeu:

— Eu só falei a verdade, mãe. Agora ninguém mais vai perguntar. Melhor assim.

Fiquei admirada com a simplicidade e a coragem do meu pequeno. Como, com tão poucas palavras, ele tinha sido capaz de lidar com uma situação tão complexa? O peito se encheu de um orgulho que mal cabia em mim. Naquele instante, percebi como ele já era forte e resiliente, apesar de tão jovem. Meu coração parecia pulsar mais forte, como se cada batida ecoasse o orgulho e o amor que sentia por ele.

Mesmo morando perto das escolas, tínhamos que acordar as crianças bem cedo. Por isso, todos os dias eles também dormiam cedo. Embora não chorassem nem dessem muito trabalho para levantar, a hora do café da manhã era uma tortura. Fabrício e Flávia ficavam horas com o copo de leite nas mãos, batendo de leve os pés na mesa. E, como era de se esperar, Tutu logo começou a imitá-los, entrando na dança.

Aquele momento, todos os dias, me deixava exausta. Tentei de tudo para fazê-los entender a importância de manter o compromisso com o horário. Conversava, explicava, pedia com calma e, em muitas manhãs, acabava me estressando a ponto de chorar. Parecia um ciclo interminável. Sem exagero, todos os dias um deles derrubava o leite na roupa ou no chão. Nos dias mais desafiadores, derrubavam em ambos. O cheiro de leite derramado misturado à ansiedade do atraso parecia impregnar o ar da cozinha.

Para não perder a paciência de vez, adotei uma estratégia: só usava copos de plástico e não vestia as crianças até depois do café. Assim, ao menos os transtornos com a roupa suja e com os copos quebrados eram menores. Mas, mesmo com todo o esforço, quase todo dia saíamos de casa atrasados, e vira e mexe um deles não comia nada. O que mais me frustrava era a sensação de impotência, de ver o tempo escapando pelos dedos enquanto tentava, sem sucesso, manter a calma.

Flávio, por outro lado, parecia viver em outro mundo. Ele era o único que conseguia comer tranquilamente, se arrumar sozinho e estar pronto na hora. Enquanto eu lidava com o caos dos outros três, ele se movia de forma metódica, como se o relógio não o afetasse. Sua tranquilidade me deixava tanto admirada quanto frustrada, porque, por mais que desejasse aquele nível de organização para todos, sabia que cada um tinha seu próprio ritmo e que eu precisava aprender a lidar com isso.

Poucas semanas após o início das aulas, começaram a chegar as temidas cartinhas da professora de Arthur. Um dia, ele havia empurrado um amiguinho; no outro, tinha mordido alguém. Era quase sempre algo assim. Muitas vezes, ao buscá-lo, me via obrigada a ouvir, na frente de outros pais, as reclamações constantes sobre o comportamento do meu filho, o que me deixava constrangida e muito irritada. Tentei explicar à professora, mais de uma vez, que ele estava sob muito estresse. Havia muitas mudanças acontecendo ao mesmo tempo, tudo era novo. Pedi paciência, tentei fazê-la entender que ele precisava de um pouco de acolhimento. Nunca pedimos que Arthur recebesse tratamento especial, mas era nítido que havia uma implicância por parte de colegas e professores. As queixas eram intensas e contínuas, o que tornava a situação cada vez mais insuportável.

O ambiente ficou tão hostil que precisei marcar uma reunião com a coordenadora. Só depois disso é que começamos a sentir uma leve melhora no tratamento que ele recebia. Ainda assim, buscar meu filho na creche deixava de ser um momento feliz para se transformar em uma experiência repleta de ansiedade. Eu já chegava alerta, o coração acelerado, esperando o pior e imaginando quais seriam as reclamações daquele dia. O estresse era tão grande que só conseguia relaxar depois de vê-lo.

O que tornava tudo ainda mais doloroso era que, muitas vezes, Arthur me ignorava completamente quando eu chegava. Ele sorria ao me ver, mas, assim que saíamos da sala, corria para longe, como se eu fosse invisível. Era um gesto simples, mas que me cortava o coração. Eu sonhava com o dia em que buscaria meu filho e ele correria para os meus braços, feliz por me ver. Mas, em vez disso, eu me via encarando sua distância enquanto outras mães viviam aquele momento de alegria com seus filhos.

A frustração era imensa, o peso da culpa era esmagador, e eu o tempo todo me perguntava onde estaria errando. Será que eu era uma mãe tão ruim que meu garotinho de 3 anos nem conseguia me amar? Essas dúvidas me consumiam, e, cada vez que ele se afastava, uma parte de mim se quebrava. Era como se estivesse falhando em algo essencial, algo que parecia muito natural para as mães ao meu redor. Minha autoestima estava tão baixa que perdi peso e parecia um zumbi. Foi então que recorri ao grupo de apoio da nossa cidade, e eles marcaram uma consulta com a psicóloga voluntária da Associação. Fui com Maurício; chorei muito no caminho e já cheguei com os olhos bem vermelhos. Me lembro de, no meio da conversa, ela me perguntar:

— Consegue descrever sua maternidade?

— Olha, eu me sinto alguém que carrega uma bola de ferro presa no pé. Parece uma prisão fria e solitária.

Flávio era minha fonte de conforto, uma criança muito tranquila que fez nossa conexão ser natural e fácil. Desde o início da aproximação, percebi que ele tinha bastante vergonha do corpo. Realmente, ele estava bem acima do peso recomendado para a idade. Certo dia, resolvi abordar o assunto de forma direta e carinhosa:

— Filho, você gostaria que a mamãe te ajudasse a emagrecer?

A resposta dele foi imediata e cheia de esperança:

— Sim! Muito!

Com o auxílio da minha irmã, que é nutricionista, começamos um programa de reeducação alimentar para o Flávio. Os resultados vieram rápido não apenas no corpo, mas também no brilho de seu sorriso. Uma tarde, quando fui buscá-lo na escola, ele correu para mim com uma expressão radiante e me contou:

— Mãe, você não vai acreditar! Uma garota me paquerou na cara de pau! Estou arrasando!

Rimos juntos. Encantada com sua empolgação, me lembrei do garotinho que, pouco tempo antes, me dissera que não era desse tipo de coisa. Olhei para ele, sentindo uma onda de orgulho e carinho, e respondi:

— Você é lindo, filho! Vai receber muitas paqueras por aí.

A felicidade no rosto dele e aquele brilho novo no olhar eram um reflexo claro de como as mudanças estavam impactando positivamente sua autoestima. Ver Flávio se sentir confiante e feliz foi uma recompensa imensa. Ele estava, sem dúvida, começando a se enxergar com novos olhos, e isso me enchia de alegria e orgulho.

Contudo, engana-se quem pensa que não vivemos desafios juntos. Em uma tarde de quinta-feira, como de costume, fui buscar meus filhos na escola. Peguei primeiro os menores e, em seguida, fui buscar o mais velho. Geralmente, estacionava o carro um pouco distante do portão, mas em um local onde ele pudesse nos ver e vir ao nosso encontro. Nesse dia, porém, não havia vagas próximas, então precisei parar ainda mais longe e ir a pé até ele.

Quando me avistou, Flávio se escondeu. No início, distraída, não percebi. Chamei naturalmente:

— Vamos, filho! Hoje parei o carro um pouco mais distante.

Flávio empalideceu. Ele baixou o rosto, tentando se esconder de qualquer forma, como se quisesse fingir que não estava me vendo. Foi nesse instante que a ficha caiu: ele estava envergonhado. Uma onda de tristeza me atingiu de repente, meus olhos se encheram de lágrimas, e uma vontade imensa de chorar tomou conta de mim. Disfarcei, virei as costas e comecei a andar na frente, deixando que ele apenas me seguisse. Enquanto caminhava, sentia o peso da distância física e emocional entre nós. Percebi que Flávio andava muito atrás, relutante, como se quisesse manter distância. Quando ele enfim se aproximou, não consegui segurar as lágrimas, que silenciosamente escorriam pelo meu rosto.

— Você sente vergonha de mim, filho? — perguntei com a voz embargada. — Hoje… você ficou envergonhado por eu ser sua mãe, e isso acabou comigo.

O olhar dele se ergueu aos poucos. Seus olhos, tristes e vazios, não disseram nada. Aquele silêncio doeu ainda mais do que qualquer palavra. Eu só queria entender o que se passava dentro dele, mas tudo o que recebi foi aquela expressão distante, carregada de um peso que nem ele saberia explicar.

Os dias não eram fáceis, parecia que eu estava sempre tentando equilibrar inúmeros pratos, apenas sobrevivendo à rotina. Pouco depois do Carnaval, os noticiários começaram a falar cada vez mais sobre um novo vírus com altas taxas de mortalidade. No começo, ninguém acreditava que aquilo poderia impactar profundamente nossa vida, mas já surgiam alertas de que uma pandemia mundial estava à espreita.

Enquanto isso, meu aniversário se aproximava, e o assunto frequente em casa era a brincadeira das crianças, que passaram o dia anterior rindo e dizendo que:

— Mamãe vai completar a idade de Cristo. Nem parece que ela é tão velha assim.

No dia do meu aniversário, acordamos como de costume, mas nenhum deles me deu parabéns. Não me importei de início, pensei que fosse apenas por causa da correria da rotina antes da escola. Mais tarde, quando voltei do trabalho e os busquei, ninguém disse nada. Um aperto começou a crescer dentro de mim. Eu esperava, ao menos, um desenho ou um gesto simples. Não sei explicar… mas algo em mim ansiava por uma demonstração de carinho. No entanto, não deixei transparecer a tristeza que começou a me consumir.

Quando Maurício chegou em casa, percebeu meu semblante e perguntou:

— O que aconteceu? Você está triste.

Respirei fundo e respondi, com a voz baixa:

— As crianças nem lembraram do meu aniversário... não falaram nada o dia todo.

Ele foi até o quarto onde estavam e disse com uma leveza na voz:

— Ei, filhos, vocês esqueceram que hoje é um dia especial? É o aniversário da mamãe. Já deram um beijo nela?

O silêncio que se seguiu foi doloroso. As crianças ficaram caladas, o clima na casa congelou por um momento, e, poucos segundos depois, os quatro voltaram a brincar como se ele não tivesse dito nada. Eu estava ali, observando tudo, e ver aquela indiferença partiu meu coração. Senti uma onda de dor me invadir e, antes que as lágrimas começassem a cair, saí correndo para o banheiro. Fechei a porta e, com o rosto nas mãos, chorei em silêncio.

No meio das lágrimas, orei:

— Deus, o que eu fiz? O que estou fazendo de errado para que eles ajam com tanto desprezo por mim? Só quero ser uma boa mãe pra eles. Só isso...

Fiquei ali por um bom tempo, perdida nos pensamentos e na dor. Foi então que, pela primeira vez, ouvi a Flávia cantando alto.

No dia seguinte, nossa cidade também decidiu suspender todas as aulas. Maurício, embora ainda sem emprego fixo, estava trabalhando bastante, e várias oportunidades promissoras começavam a surgir. Estávamos esperançosos. Nossa vida financeira, ainda que mais simples do que antes, finalmente começava a se estabilizar. Mas a pandemia mudou tudo. Em poucos dias, todas as oportunidades de trabalho foram canceladas, uma após a outra, como se o chão estivesse sendo puxado debaixo de nossos pés. E, de repente, Maurício ficou sem nenhum serviço, sem nenhuma fonte de renda, por mais de três meses. O silêncio que se instalou em nossa casa refletia o peso da incerteza que nos envolvia. Eu me via lutando para manter a calma, mas o medo constante e o impacto emocional daquela nova realidade pareciam sugar nossa energia, deixando um vazio imenso no ar. As batalhas não cessavam, e em cada novo desafio a pressão aumentava.

A busca por estabilidade parecia um labirinto sem fim, mas, em meio ao caos, uma certeza se firmava em nosso coração: Deus estava cuidando de tudo. Ao longo de nossas lutas diárias, pequenas vitórias surgiam como sinais de que não estávamos sozinhos. O sorriso, mesmo que distante, de Arthur ao me ver ao final do dia, o olhar orgulhoso do Flávio ao compartilhar suas conquistas, os momentos de risos entre os irmãos, tudo era um lembrete de que, apesar das tempestades, havia uma luz a nos guiar.

Em noites de insônia, quando o medo e a dúvida me consumiam, eu recorria à oração, pedindo forças para enfrentar o que estava por vir. De alguma forma, Deus falava ao meu coração através de um louvor, de um gesto de bondade ou mesmo de uma simples reflexão que aparecia no meu caminho. Cada dia se tornava uma nova oportunidade de experimentar a graça divina, um lembrete de que, mesmo nas horas mais sombrias, o amor que nos cerca é maior do que qualquer dificuldade. E assim seguimos lutando, confiantes de que cada passo, até os mais desafiadores, nos aproximava do propósito maior que nos aguardava.

Capítulo 10

NAVEGANDO EM TEMPOS DE PANDEMIA

As notícias na televisão eram aterrorizantes. O número de mortes aumentava cada dia, e o pânico se espalhava. Permanecíamos em casa, angustiados e preocupados com Arthur, devido ao seu histórico de crises de asma e internações frequentes antes da adoção. A cada boletim, o medo crescia, como uma sombra constante, ameaçando invadir nossa vida.

Nossa casa não era muito grande, e faltava espaço para as crianças brincarem. Sem alternativas, eles acabavam passando horas em frente às telas. Com o tempo, percebi que a maioria das brigas entre eles girava em torno da televisão. Fabrício, em especial, ficava tão envolvido no seu programa favorito que ignorava até as necessidades mais básicas. Ele segurava a vontade de ir ao banheiro até o último instante e aí acabava correndo pela casa em direção ao banheiro, deixando um rastro de xixi pelo caminho.

Aquilo me preocupava muito. Comecei a estudar sobre o impacto das telas no cérebro infantil e descobri que, em excesso, elas poderiam causar ainda mais ansiedade, hiperatividade e desatenção.

Era como se as telas roubassem a tranquilidade deles. Decidi, então, reduzir o tempo de exposição e estimular mais brincadeiras entre os irmãos.

Mas havia um desafio. Embora tivessem muitos brinquedos, presentes que ganharam ao longo do tempo, meus filhos não brincavam com quase nenhum. Quando pegavam algo nas mãos, era por poucos minutos, e logo o brinquedo se quebrava, como se fosse descartável. Aquilo nos deixava frustrados e tristes, sentindo que algo estava errado.

Foi quando decidimos começar buscar praças públicas mais isoladas, em bairros distantes, na área rural. A ideia era simples: levar as crianças para correr e brincar ao ar livre, pelo menos uma vez ao dia, fugindo do confinamento da casa. Cada ida era uma aventura. Quando chegávamos em um lugar vazio, sentíamos um alívio imediato. As crianças corriam livres, sentindo o vento no rosto, rindo como se nada estivesse errado no mundo. Mas, se aparecesse qualquer pessoa, pegávamos as coisas e corríamos de volta para o carro, tentando evitar o perigo invisível que nos rondava.

Esses momentos ao ar livre eram a nossa fuga, uma maneira de manter a sanidade e dar às crianças um pouco de normalidade em tempos tão incertos. No início de abril, chegou o aniversário do Flávio, e, para mim, foi um momento frustrante. Sempre sonhei em oferecer festinhas de aniversário para os meus filhos, com balões, amigos e aquele brilho de celebração no ar. Mas, naquele momento, mesmo que não estivéssemos em isolamento por conta da pandemia, seria impossível fazer algo além de um simples bolo.

Determinada a não deixar que as dificuldades financeiras pesassem sobre meus filhos, decidi tentar fazer o meu primeiro bolo de aniversário. Escolhi um bolo gelado de chocolate, leite ninho e morango, e fiquei até tarde da noite, cheia de esperança e ansiedade, tentando acertar cada detalhe. No entanto, o resultado foi um desastre.

O bolo ficou duro, sem graça, bem diferente do que eu imaginava. Senti um nó na garganta, como se a dureza daquele bolo simbolizasse todas as frustrações que tentava esconder.

No dia do aniversário, Maurício comprou carne, e fizemos um churrasquinho simples, só para nós. Cantamos parabéns, tiramos algumas fotos para guardar a lembrança daquele dia. Apesar de toda a simplicidade, Flávio estava radiante. Seus olhos brilhavam de alegria, como se aquele momento fosse tudo que ele esperava. Nem parecia que o bolo estava tão ruim ou que a comemoração era tão modesta. Ver a felicidade genuína daquele menino aqueceu meu coração e, por um momento, fez com que toda a angústia que estávamos vivendo desaparecesse. Não era preciso uma grande festa; ele só precisava de nós.

Com o avanço das restrições impostas pela pandemia, nossas dificuldades financeiras se tornaram avassaladoras. A única fonte de renda que tínhamos era minha bolsa do doutorado, que estava prestes a terminar. O desespero começou a tomar conta, como uma sombra que não conseguíamos afastar. Quando o governo federal anunciou um auxílio para famílias enfrentando desemprego, Maurício se inscreveu, mas a ajuda foi negada. Foi um golpe duro, que parecia intensificar ainda mais a sensação de desamparo.

Felizmente, a Caixa Econômica anunciou que era possível pausar o financiamento dos imóveis, o que nos deu um grande alívio. Nossa casa era financiada, e o valor mensal era alto. No entanto, a despensa seguia esvaziando rápido. Com quatro crianças em casa, 24 horas por dia, a comida desaparecia numa velocidade assustadora.

Além das dificuldades financeiras, enfrentávamos o desafio de introduzir novos alimentos para o Fabrício e a Flávia, que rejeitavam muitas opções. Flávia não perdia a oportunidade de criticar minha comida, sempre dizendo o quanto achava ruim. Eu me esforçava ao máximo para preparar refeições nutritivas, especialmente preocupada com a saúde do Fabrício, que estava abaixo da linha de crescimento para a idade e usava roupas que eram pequenas até para o seu irmão de 3 anos de idade.

Maurício estava visivelmente abalado. Sentia-se como se estivesse falhando conosco, e sua depressão parecia consumir cada dia mais de sua energia e esperança. Nunca tinha visto meu marido tão triste. Já eu chorava em silêncio e pedia a Deus forças para enfrentar a situação. A pressão era imensa, e a necessidade de ser forte parecia um peso insuportável.

Repetia o tempo todo para mim mesma:

— Deus está cuidando de nós!

O que mais me impressionava era que, mesmo quando parecia que estávamos no fundo do poço, havia pequenos sinais de providência. Me lembro de acordar um dia e saber que não tinha um real para comprar leite e, ao pegar a última caixa, alguém chegava com várias caixas de presente, exatamente o que precisávamos. Era como se, em meio à adversidade, Deus estivesse ali, cuidando de nós através dos detalhes mais sutis, demonstrando que Ele estava presente e não nos abandonava.

A pandemia seguia avançando, e nós mantivemos o distanciamento e o isolamento, tentando proteger nossa família enquanto tudo ao redor parecia desmoronar. Poucos dias após o aniversário do Flávio, nossa filha completou seus tão esperados 10 aninhos. Ela havia contado os dias para essa data especial, e, apesar das limitações que a vida impunha naquele momento, fizemos questão de celebrar da melhor forma possível. A comemoração foi simples, mas cheia de amor: compramos um brigadeiro para cada criança numa pequena doceria da cidade e cantamos parabéns. Era o que nosso orçamento permitia, e ainda assim os olhos dos nossos filhos brilhavam ao receber aquele docinho, que, na mão deles, parecia tão grandioso. A textura macia do brigadeiro, com o granulado crocante que estalava nos dentes, trouxe uma sensação de alegria genuína. O sabor do chocolate, apesar de comum, ganhou uma nota especial naquele dia.

Mas o dia ainda guardava uma surpresa maior. Enquanto a tarde caía, fizemos nosso primeiro resgate em família. Um cachorrinho de rua, um vira-lata de porte grande, havia sido atropelado pelo trem e, para nosso desespero, estava sem qualquer tipo de socorro fazia horas. Foi um momento de grande aflição. Maurício, com seu coração enorme, logo se envolveu no resgate. Ele pegou um lençol velho e, com cuidado, enrolou o cachorro machucado, que tremia de dor e medo. Atentas, as crianças vibraram ao mesmo tempo que seus olhos se enchiam de lágrimas, tocados pela situação do animal. Os gemidos baixos e o cheiro forte de óleo misturado ao sangue nos deixaram impressionados. Demos a eles a missão de escolher o nome, e, com a inocência e a esperança que só as crianças têm, ele foi batizado de Hulk, como se esse nome pudesse trazer-lhe força e uma nova chance de viver. O cachorro foi levado para a clínica veterinária, onde recebeu cuidados, e depois foi encaminhado para o abrigo da Laticão.

Infelizmente, ninguém se interessou em adotá-lo. Ele foi acolhido por toda a equipe da ONG e, mesmo sem um lar definitivo, teve carinho e atenção até seus últimos dias. Em 2024, Hulk nos deixou, mas sua passagem pela nossa vida e sua história de superação nunca serão esquecidas. O resgate daquele dia, que começou com um simples aniversário em meio à pandemia, se transformou em uma lembrança poderosa de empatia e de amor incondicional, e ensinou muito aos nossos filhos.

Na véspera do nosso primeiro Dia das Mães juntos, eu estava radiante. Finalmente, após anos alimentando o sonho de ser mãe e ter minha própria família, podia imaginar e esperar celebrar essa data tão especial, repleta de amor e carinho dos meus filhos. Mas a realidade que se impôs foi bastante diferente daquela que eu havia imaginado com tanta expectativa e esperança. O dia, que deveria ser preenchido com gestos carinhosos e sorrisos, se transformou em um cenário de desilusão. Assim como no meu aniversário, as crianças me ignoraram. Em vez de abraços e palavras doces, encontrei apenas brigas incessantes entre eles e caras emburradas. O som das discussões e o silêncio frio de indiferença foram os únicos presentes que recebi.

Confesso que o impacto emocional foi devastador. Sentia um nó na garganta e um peso no peito, como se cada lágrima que escorria fosse uma confirmação dolorosa do meu fracasso em fazer aquele dia especial. Eu sempre me culpava pelas situações que vivíamos. Chorei bastante, sentada em um canto da casa, tentando entender a razão de todo aquele desprezo. Era uma tristeza profunda e confusa, uma sensação de que, apesar do amor que oferecia, havia um abismo enorme até o que esperava receber. A dor da rejeição era quase palpável, e eu lutava para encontrar uma explicação para a frieza que me cercava. As lágrimas que caíam não eram apenas pelo dia frustrante, mas por todas as esperanças e sonhos que pareciam desmoronar diante dos meus olhos. Era um dia que deveria ser cheio de amor, mas que, infelizmente, se tornou uma lembrança dolorosa dos complexos desafios da maternidade.

Ainda assim, eu queria me aproximar dos meus filhos, por isso comecei a me aventurar cada vez mais na produção de bolos. Rapidamente fui aprimorando minhas habilidades, e todo final de semana a mesa da cozinha era enfeitada por um bolinho caseiro, feito com carinho e simplicidade. O aroma do bolo assando se espalhava pela casa, trazendo uma sensação de aconchego. Acabou virando uma tradição familiar: todos os domingos, fazíamos um piquenique numa praça isolada. O ar fresco e o céu aberto nos davam uma sensação de liberdade durante aquele período difícil. Em alguns dias, nossa família também se juntava a nós, e curtíamos a tranquilidade desses momentos, rindo e aproveitando a companhia uns dos outros. Era um refúgio em meio às dificuldades.

Quando o primeiro aniversário de Fabrício chegou, a situação financeira seguia apertada. Ainda assim, não deixamos a data passar em branco. Fizemos uma pequena comemoração na praça, com um bolo simples, sem confeitar, servido na própria forma. O refrigerante e as bexigas coloridas completaram a cena. Tudo era muito modesto, mas transbordava amor. Cada fatia de bolo, com sua textura macia e o sabor doce que derretia na boca, era saboreada com gratidão. Por dois anos celebramos o aniversário das crianças assim: festinhas supersimples, apenas entre nós, mas com o coração cheio de alegria e união, sentados em um lençol, no meio de uma praça.

Em agosto de 2020, Maurício finalmente conseguiu um emprego fixo. O salário, no entanto, era pouco mais de um quinto do que ele costumava ganhar. Não foi fácil para meu marido aceitar essa nova realidade, e eu sabia o quanto aquilo o magoava. Ele sempre se esforçou para nos proporcionar o melhor, mas já começávamos a dar falta de coisas em casa, e minha remuneração estava prestes a acabar; restavam apenas dois meses. A necessidade falou mais alto, e ele aceitou o emprego, mesmo com o coração pesado.

Certa ocasião, saímos para fazer compras em um atacado da cidade porque estávamos sem itens básicos na despensa, como leite, bolachas e pão… Estávamos com apenas trinta reais no bolso, e, percorrendo as prateleiras, o desespero começou a crescer. Tentei manter a calma, mas logo senti meus olhos marejarem. Discretamente me afastei do Maurício, buscando um corredor mais vazio, e ali deixei as lágrimas caírem. A sensação de impotência diante daquela situação era esmagadora. Compramos o que deu com o dinheiro que tínhamos, e voltei para casa com o coração apertado.

Naquela mesma semana, no entanto, fomos surpreendidos pela doação de uma amiga que não tinha ideia da nossa situação. Com essa ajuda inesperada, conseguimos comprar o que estava faltando no armário. Mais uma vez, Deus estava cuidando de nós, guiando nossos passos, mesmo quando a esperança parecia frágil. E assim seguimos, certos de que, apesar de todas as dificuldades, não estávamos sozinhos.

Oito meses haviam se passado com as crianças em casa, e nada parecia no lugar. Vivíamos uma montanha-russa emocional; um dia de felicidade e cinco de guerra. Nossa casa tinha virado um verdadeiro campo de batalha, um cenário de caos que ecoava como num filme de guerra. Os irmãos brigavam sem parar, e o barulho reverberava pelas paredes. Arthur e Fabrício tinham crises de birra tão intensas, que parecia que a qualquer momento a casa desmoronaria ao som dos gritos. Era exaustivo. Já Flávio começou a nos preocupar de outra forma. Sua desatenção estava se tornando cada vez mais evidente, a ponto de parecer que ele não entendia nada do que falávamos. Começamos a desconfiar de que ele tivesse algum déficit de atenção.

Certa vez, nossa cachorrinha, Cacau, fugiu. No meio do tumulto, disse ao Flávio com a maior clareza possível:

— Filho, pega um potinho de ração e senta aqui na frente de casa. Mostra a ração para a Cacau e, quando ela se aproximar para comer, você segura ela. Não corre atrás dela, porque isso só vai piorar as coisas.

Ele respondeu na hora, com um entusiasmo que me deu um alívio momentâneo:

— É pra já, mãe!

Enquanto ele ia buscar a ração, fui tirar a panela do fogo e, quando voltei, não vi o Flávio. Meu coração disparou, e, num instante, corri para fora. Foi então que me deparei com ele zanzando de um lado para o outro com o pote de ração na mão, como se estivesse brincando de pega-pega com a cachorrinha. Um misto de irritação e incredulidade tomou conta de mim:

— Flávio, volta aqui agora!

Ele veio até mim, ofegante, e perguntei com um nó na garganta:

— Filho, o que eu disse para você fazer?

Sem hesitar, ele respondeu:

— Pegar a Cacau sem correr atrás dela.

Fiquei perplexa. Ele havia entendido exatamente o que eu disse, mas tinha feito o oposto. Confusa, questionei:

— Então por que você estava justamente correndo atrás dela, Flávio?

— Não sei — respondeu, pálido e confuso.

A situação se repetia com frequência. As desatenções, as confusões… tudo isso nos levou a buscar ajuda de uma psicopedagoga. Flávio fez acompanhamento por um bom tempo, mas, para nossa frustração, nenhum diagnóstico foi fechado. Pelo contrário, a cada consulta, transtornos eram descartados um a um, como se as peças do quebra-cabeça não se encaixassem.

Outra coisa que nos incomodava bastante era a frequência com que nossos filhos mentiam. Os quatro mentiam sobre tudo, até sobre as coisas mais insignificantes, e isso nos tirava do sério. Às vezes, parecia que eles faziam isso sem qualquer motivo. Com o tempo, precisei voltar ao trabalho presencial por algumas horas todos os dias, e nesse curto período, apenas duas ou três horas no máximo, as coisas começaram a escapar ainda mais do controle. Eles mexiam nos meus pertences, reviravam os armários e, frequentemente, comiam escondidos chocolates e doces. Fabrício adotou um novo comportamento. Todos os dias, na hora do jantar, ele perguntava:

— Mãe, posso ir ao banheiro?

Eu permitia, é lógico. No entanto, com o tempo, isso começou a me chamar a atenção. Discretamente, Maurício também passou a ir ao banheiro logo em seguida, e foi então que descobrimos que ele colocava todo o jantar para fora. Fabrício havia comido tantas guloseimas durante o dia que não tinha apetite para o jantar. Uma vez, comprei um pacote de amendoins confeitados para Maurício, um doce que ele adorava, e pensei em guardar para que pudesse comer no fim de semana. No dia seguinte, porém, percebi que o pacote estava quase vazio, restando apenas algumas poucas unidades. Perguntei, meio confusa:

— Nossa, amor, você já comeu todo o amendoim?

Surpreso, ele respondeu:

— Amendoim? Eu nem sabia que você tinha comprado! Cadê?

Mostrei a gaveta e o pacote, e ele me olhou surpreso. Chamei as crianças, sem a menor intenção de brigar, só queria entender o que tinha acontecido.

— Filhos, vocês comeram o amendoim do papai? — perguntei com calma.

Os quatro negaram veementemente, jurando que não tinham sido eles. Fiquei decepcionada não pelo amendoim, mas pela quebra de confiança. Era frustrante ver que eles preferiam mentir. Só em 2024 que a Flávia enfim admitiu que ela e os irmãos haviam comido o amendoim do pai.

E não era só isso. Nossos filhos pareciam ter um talento especial para destruir tudo o que tocavam. Praticamente toda semana algo se quebrava em casa: panelas, copos, pratos, brinquedos, chuveiros, camas, móveis. Onde eles colocavam as mãos, havia um rastro de destruição. E, como se isso não bastasse, toda semana surgia o mesmo pedido, sempre doloroso de ouvir:

— Não gosto daqui! Quero voltar para o abrigo.

Fabrício e Flávia eram os que pediam com mais frequência. Qualquer coisa que os desagradava, qualquer bronca ou correção, logo vinha a frase cortante:

— Eu não quero ficar com vocês!

Essas palavras eram como verdadeiras punhaladas no coração. Sabíamos que eles estavam lutando com seus próprios traumas, mas ouvir isso, repetidas vezes, nos fazia questionar se estávamos fazendo algo errado. Era um desafio diário, uma luta constante entre o amor que dávamos e a dor que eles carregavam. Considerando a situação caótica da nossa vida, eu simplesmente não podia me dar o luxo de ficar fora de casa. Sem uma rede de apoio, éramos apenas eu, Maurício e nossos filhos, lutando para manter a rotina e oferecer o melhor ambiente possível. A carga emocional e prática era imensa.

Enquanto refletia sobre tudo isso, uma dúvida angustiante começou a me atormentar: será que eu deveria renunciar à minha carreira para garantir o bem-estar dos meus filhos? A ideia de abandonar anos de esforço e sonhos me deixava apreensiva, mas, ao mesmo tempo, a necessidade de criar um ambiente seguro e acolhedor para eles parecia crescer cada dia. Eu me perguntava se essa seria a única maneira de fortalecer nossos laços. Mesmo com tantas rejeições, os quatro haviam claramente demonstrado uma necessidade muito grande de ter minha presença por perto. O peso dessa incerteza caía sobre meu coração, e eu sabia que essa decisão, se tomasse forma, mudaria para sempre não apenas minha vida, mas toda a dinâmica da família.

Capítulo 11

ENTRE A MATERNIDADE E A PROFISSÃO

Diante do cenário caótico que vivíamos, conversei com minha orientadora sobre a possibilidade de trabalhar de casa, buscando um pouco mais de equilíbrio entre carreira e vida pessoal. O desejo de estar mais presente e disponível para minha família era urgente. Senti a necessidade de mergulhar mais fundo no estudo do cérebro infantil, dos impactos do trauma e das nuances do acolhimento institucional. Li diversos livros e artigos, tentando absorver o máximo de conhecimento possível, pois cada comportamento dos meus filhos parecia comunicar algo profundo. Aos poucos, comecei a entender que toda atitude deles era uma tentativa de comunicação.

Os olhares dos meus filhos eram gritos silenciosos por ajuda, mesmo que, muitas vezes, seus lábios falassem palavras de rejeição e alerta. Certa vez, precisei levar Tutu ao hospital; por causa da pandemia, fomos só nós dois. O ambiente era frio e impessoal, as paredes brancas e o cheiro característico de desinfetante pairava no ar, misturado com o eco distante de conversas nervosas. Arthur ainda não era muito carinhoso comigo, mas já me deixava pegar em suas mãozinhas quentes, que se encaixavam nas minhas como se fossem um quebra-cabeça.

Sentamos lado a lado numa cadeira dura e desconfortável. Enquanto aguardávamos, percebi que ele olhava ao redor, curioso, como se tentasse entender a dinâmica do lugar: médicos apressados, enfermeiras com máscaras e luvas, o som dos monitores bipando e o choro distante de outras crianças. Olhei para ele e perguntei:

— Filho, você percebeu que as outras crianças também estão acompanhadas da mamãe? — Ele me olhou em dúvida. Então, continuei: — Hoje o Tutu está no hospital com a mamãe dele também. Sim, filho: você tem mamãe. Estou feliz em estar aqui com você.

Mesmo que cada dia me drenasse mais energia e esperança, eu tentava ao máximo ver beleza em cada momento. As risadinhas tímidas de todos os quatro, os sorrisos que brotavam em momentos inesperados, tudo isso me ajudava a ter forças. Era como se cada pequeno gesto deles gerasse empatia em meu coração e me fizesse não desistir deles. Várias vezes me questionei se estar com a gente era o melhor para as crianças e, com frequência, perguntava a Maurício:

— Será que adotamos nossos filhos para fazê-los sofrer, Li? Eles pareciam mais felizes quando os conhecemos no abrigo.

Meu marido tentava me consolar, mas era visível que ele também estava sofrendo. A dor mais aguda desse período era a sensação de solidão e isolamento. Quando procurava desabafar com conhecidos e familiares, sempre ouvia:

— Vocês tentaram, mas as crianças não querem vocês. Vocês fizeram a parte de vocês, mas acho que chegou a hora de devolvê-los ao abrigo. Eles nunca vão aceitar vocês como pais.

O suporte emocional e o incentivo de que eu tanto precisava pareciam cada vez mais distantes. Além disso, o grupo de apoio à adoção da nossa cidade ficou muito tempo sem se encontrar por causa da pandemia. Essa ausência fez com que me sentisse ainda mais isolada, sem um espaço onde pudesse compartilhar minhas angústias e encontrar compreensão. Durante essas reuniões, pais e mães compartilhavam seus desafios domésticos, e isso dava uma sensação de alívio enorme, pois nos fazia enxergar que não aconteciam só conosco.

Eu me lembro de uma situação cômica e ao mesmo tempo assustadora que uma das mães do grupo compartilhou um dia:

— Minha filha tem 3 anos e quer colocar o pai de castigo todos os dias.

Na hora, todos rimos e achamos até fofa a situação, mas a mãe continuou:

— Só que ela faz isso com muita rispidez, como quem quer punir o pai.

A psicóloga que intermediava o grupo então nos explicou que a menina só estava copiando algo que provavelmente havia vivenciado e que o desafio ali seria ensinar a ela que não devemos maltratar o outro quando ele erra, mas sim acolhê-lo e ajudá-lo a encontrar um novo caminho.

A verdade é que o vazio deixado pela falta desse grupo era palpável, e eu lutava para encontrar uma forma de seguir em frente, enquanto cada dia se arrastava com a esperança de que, de alguma forma, tudo melhoraria. Eu chorava incessantemente e envelheci muito em pouco tempo. Meu tempo girava em torno dos meus filhos, sem pausa, 24 horas por dia. O peso emocional era muito grande. Sempre que tentava trabalhar no computador, minha casa se transformava em um verdadeiro ringue de luta.

Houve um dia em que uma vassoura realmente voou em cima da mesa. Não, eu não estou exagerando. Era impossível produzir qualquer conteúdo em casa, com o barulho constante das crianças e a desordem acumulada, e comecei a ter problemas no trabalho por não conseguir cumprir os prazos. As aulas das crianças permaneciam on-line devido à pandemia, o que tornava tudo mais difícil e estressante. Fabrício, ainda em processo de alfabetização, lutava para se concentrar em frente à tela do computador. Ele tinha muita dificuldade para entender as instruções e fazer as tarefas, que lhe pareciam uma montanha intransponível.

Meu filho chorava o tempo todo, desabando em frustração e se recusando a participar. O clima na casa ficava pesado na hora de estudar e, para tentar aliviar um pouco a situação, começamos a buscar estratégias que tornassem esse momento um pouco mais leve para ele. Brincávamos de escolinha, criando um ambiente divertido e acolhedor, e colocávamos vários vídeos coloridos e envolventes do YouTube para ele assistir, o que provocava risadinhas e distrações. Nossa ideia era transformar o aprendizado em uma aventura, mas ainda assim o desafio parecia persistir. Quase todos os dias, ao final do tempo de estudo, Fabrício dizia:

— Me leva de volta pro abrigo. Lá é muito melhor do que aqui. Odeio essa casa.

Com o tempo, Flávio começou a ter dificuldades na escola, e seu comportamento começou a mudar. Ele vivia cabisbaixo, muitas vezes com o olhar perdido, alheio a tudo ao seu redor. Dava para perceber que sentia falta da interação com crianças da idade dele, as risadas e brincadeiras que costumavam alegrar seus dias. Comentei com a pediatra do posto de saúde onde ele era atendido, e ela o encaminhou para a terapia, oferecendo uma luz necessária naquele momento sombrio.

Com o auxílio dela, Flávio começou a fazer acompanhamento com José, um psicólogo do Sistema Único de Saúde. Esse profissional foi uma bênção em nossa vida, trazendo uma energia positiva e se esforçando muito para criar um vínculo com nosso filho. Por semanas, ele não conseguia arrancar uma palavra do Flávio, que permanecia em silêncio, mas não desistiu.

Depois de um tempo, José me contou que a primeira conversa que teve com Flávio foi bem impactante. Ele havia perguntado ao nosso filho quem ele era, diante de sua própria visão, ao que Flávio respondeu:

— Eu sou uma bosta que não devia ter nascido.

Que dor lembrar que nosso filho já se enxergou dessa forma! Quando eu olhava para a nossa família, diante de tantas demandas, não conseguia enxergar uma solução e me via diante de duas opções: desistir da adoção, aceitando que não tínhamos dado conta das necessidades das crianças, ou lutar com todas as nossas forças por elas, mesmo quando a esperança parecia escassa. Foi quando entendi que lutar pelos meus filhos significava estudar mais, enxergá-los além de seu comportamento e mudar minha abordagem, buscando compreender a verdadeira raiz de suas emoções e inseguranças. Eu e Maurício escolhemos não desistir, mesmo que, na hora do desespero, chegássemos a pensar nisso. Aqueles eram nossos filhos, e nada mudaria isso.

Após longos meses desde a chegada das crianças, tive o primeiro momento recompensador da minha jornada como mãe. Numa noite comum, enquanto preparava Tutu para dormir, notei que seus olhos sonolentos pareciam cheios de algo novo. Ele então se virou para mim e, com uma voz suave e sincera, disse:

— Eu te amo, mamãe!

Foi como se aquelas quatro palavrinhas tivessem acariciado cada centímetro do meu ser. Meu coração, tão apertado pelas angústias e medos dos últimos meses, pareceu subir ao céu como um balão. As lágrimas vieram quase na hora, como uma chuva após um longo período de seca. Eu precisava tanto ouvir aquelas quatro palavras! Elas não eram apenas uma simples declaração, mas o reconhecimento de todo o esforço, de toda a luta e, principalmente, do vínculo de amor que eu estava tentando construir com eles.

Apesar dessa alegria imensa, a vida não desacelerou. Continuei tentando, dia após dia, equilibrar maternidade e vida profissional, que já parecia desmoronar. Mas os sinais de que algo não ia bem começaram a surgir. Uma tristeza silenciosa, profunda, começou a tomar conta de mim. Era como se um peso invisível estivesse sempre sobre meus ombros, e eu precisava me esforçar muito para me manter de pé. Mesmo sem ter recursos financeiros, decidi buscar ajuda psicológica. A terapia se tornou meu refúgio, o lugar onde eu finalmente podia desabafar sem medo de ser julgada. Lá, conseguia expor todas as dores que me consumiam, como se estivesse limpando, aos poucos, as feridas que carregava no peito.

Com o passar da semana e com a ajuda da terapeuta, entendi que não seria possível sustentar aquele ritmo exaustivo. Com o coração apertado, decidi renunciar à minha carreira e me dedicar integralmente à maternidade. Não foi uma decisão fácil, estava no meu auge profissional, tinha diante de mim muitas oportunidades incríveis. A questão é que, no fundo, eu sabia que poderia viver sem a realização profissional, mas não suportaria ver meus filhos tão perdidos, tão tristes, sem direção. O vazio em seus olhares me despedaçava.

Fui até minha orientadora e comuniquei, com a voz embargada, que me afastaria de tudo. Apesar de não ter ideia de quando me sentiria pronta para retomar o doutorado, combinei com minha orientadora que terminaria dentro do prazo. Ficou nítido o quanto ela estava frustrada com minha decisão. Naquele momento, a ideia de voltar a ser a profissional que eu sonhava parecia muito distante, quase inalcançável. Sendo bem sincera, nem sabia se seria capaz de fazê-lo algum dia. Saí despedaçada do meu encontro com ela, como se tivesse perdido parte de mim.

Mas, poucos dias depois, algo em meu coração mudou. A dor profunda, aquela que eu achava que iria me paralisar, transformou-se em força. Era como se todo o sofrimento estivesse sendo moldado em uma nova energia, um novo propósito. Usei o sentimento como combustível para lutar ainda mais pela construção do vínculo com meus filhos. Sabia que a jornada não seria fácil, mas estava determinada a seguir em frente, um passo de cada vez. E, assim, dei tudo de mim para que eles pudessem se sentir amados, seguros e, finalmente, parte de uma família.

Paralelamente, passávamos por desafios ainda mais delicados e difíceis com Flávia. A complexidade do que vivemos com ela foi tão intensa que decidi reservar um capítulo só para compartilhar essa experiência. Cada desafio que enfrentei ao tentar construir um vínculo com Flávia exigiu de mim uma força que eu não imaginava ter, revelando as nuances da maternidade e os altos e baixos que essa jornada traz. A dor e a alegria coexistiam de maneiras inesperadas, moldando não apenas nossa relação, mas também meu entendimento sobre amor, resiliência e esperança.

Capítulo 12

MINHA JORNADA COM FLÁVIA

Desde o primeiro dia, o sorriso de Flávia me encheu de encanto. Havia algo na expressividade dessa menina que me cativava profundamente, como se cada gesto dela carregasse uma história. Para mim, ela sempre foi uma obra-prima.

Eu me lembro com clareza do dia em que vi sua foto pela primeira vez no site do Tribunal de Justiça de São Paulo. Senti um frio na barriga, uma sensação de reconhecimento inexplicável. Dias depois, vi um outdoor na vitrine de uma loja pela qual eu passava diariamente. A modelo mirim que aparecia ali, tão graciosa, na hora me fez lembrar de Flávia. Sempre que eu transitava por aquela região, minha mente se perdia em devaneios, imaginando minha filha arrumada com vestidos bonitos, cheia de acessórios brilhantes, como nas vezes em que eu mesma enfeitava minhas bonecas quando criança.

Quando vi Flávia pessoalmente pela primeira vez, meu coração quase parou. Ela era ainda mais linda do que eu poderia ter imaginado, com uma beleza única e traços tão delicados que pareciam desenhados à mão. Mas, apesar de toda essa graça exterior, algo negativo se destacava de maneira silenciosa: Flávia tinha a autoestima visivelmente abalada. Era como se a forma cuidadosa, quase meticulosa, como ela arrumava seu cabelo fosse uma tentativa de esconder uma parte de si mesma.

À medida que nossa relação foi se estreitando, Flávia começou a se abrir mais e, várias vezes, me confidenciou que não gostava do próprio cabelo. Ela se achava uma menina feia, e isso partia meu coração. Como mulher, eu sentia uma empatia profunda por ela, revivendo na minha própria memória as inseguranças que já tinha experimentado. A autoaceitação é essencial para todos, é parte fundamental de uma vida plena, mas, para nós, mulheres, há algo ainda mais intrínseco nesse desejo de se sentir bem na própria imagem. Era horrível imaginar que minha filha, com toda sua doçura e beleza, não conseguia se amar. Queria fazer algo, precisava ajudá-la a enxergar o mesmo que eu.

Movida por esse desejo, me dediquei a cada detalhe do enxoval de Flávia. Mandamos fazer um guarda-roupa, com uma porta de espelho enorme, na esperança de que, um dia, ela se olhasse ali e se visse com os meus olhos, como a garota linda e especial que era. Enchi aquele armário com vestidos encantadores e enfeites delicados para o cabelo. Cada peça foi pensada com todo cuidado, pautada na mais pura intenção de fazê-la sentir-se maravilhosa. Depois de muito esforço, conseguimos convencê-la a ir ao melhor cabeleireiro especializado em cachos da cidade. Não tínhamos dinheiro para esse luxo, mas eu estava disposta a sacrificar qualquer coisa para que ela se sentisse digna da beleza que carregava. Era um investimento de amor. O problema é que, por estar tão concentrada em fazer Flávia se sentir amada e especial, não percebi que talvez ela não estivesse pronta para isso naquele momento. E, embora meu coração estivesse repleto de boas intenções, não consegui identificar o desejo mais profundo por trás de suas palavras.

Embora sempre pautada por um amor inabalável, nossa jornada foi uma mistura complexa de desafios. Desde o início, Flávia deixava claro que não me reconhecia como sua mãe, algo que ela fazia questão de manifestar de forma sutil, mas constante. O comportamento era bem diferente do que imaginei, a julgar pelo nosso começo. Durante todo o processo de aproximação, Flávia foi carinhosa comigo, expressando repetidamente o desejo de vir morar conosco, e fui levada a crer que havia, sim, uma conexão nascendo. No dia em que as crianças vieram morar definitivamente conosco, no entanto, tudo mudou no instante em que a porta de casa se fechou.

Eu já havia notado alguns sinais, como o episódio que compartilhei algumas páginas atrás, quando Flávia mostrou a Bíblia rosa que a mãe biológica lhe havia dado. Era um gesto carregado de simbolismo, e, fazendo uma retrospectiva, talvez tenha sido o primeiro indício de que algo importante se desenrolava. Naquele momento, confesso que não percebi.

De uma hora para outra, Tata, como carinhosamente os irmãos a chamavam, se afastou de mim. E não foi um distanciamento sutil, mas algo nítido, acompanhado de um comportamento cada vez mais desafiador. Um exemplo claro foi a questão do cabelo. Quando fomos ao salão, a cabeleireira nos deu várias orientações detalhadas sobre como cuidar dos cachos de Flávia em casa. Eu me recordo bem das palavras:

— Evitem o uso de escovas no cabelo seco! Também é bom espaçar as lavagens, para manter a hidratação. Não pode lavar o cabelo todo dia.

Flávia ouviu tudo com atenção, radiante com seus cachinhos renovados, brilhantes e macios. Seu cabelo exalava um leve perfume doce, que preenchia o ar de frescor. Ela ficou esplêndida naquele dia. Linda demais, todos que a viram comentaram. No entanto, assim que chegamos em casa, ela fez questão de desconsiderar todas as orientações que a cabeleireira havia dado.

A primeira vez que isso aconteceu, Flávia pegou a escova de cabelo e, sem dizer uma palavra, parou bem à minha frente. Foi então que seus olhos encontraram os meus, e, com um sorriso carregado de ironia, ela começou a pentear os cachos enquanto ainda estavam secos. O som da escova nos fios parecia ecoar no ambiente, de um jeito absolutamente desconfortável. Achando que ela apenas havia esquecido as recomendações que ouvira, falei com calma:

— Filha, você se esqueceu do que a tia ensinou sobre o seu cabelo? Isso pode acabar com os seus cachinhos.

Flávia não disse uma palavra e apenas continuou sorrindo e penteando, como se me desafiasse. Esse comportamento se repetiu por mais de oito meses. Praticamente todos os dias, Flávia fazia questão de vir até mim enquanto eu cozinhava ou trabalhava, pegava a escova e repetia o ritual, sempre com aquele olhar desafiador. Seus olhos, mais do que qualquer palavra, me enfrentavam. Flávia nunca gritou comigo, mas sua expressão transmitia uma raiva silenciosa, que às vezes me causava arrepios.

E não parava por aí. Logo nos primeiros dias ela começou a reclamar de tudo, parecia que nada nunca estava bom. Pedia para ir à piscina da minha sogra, e, quando finalmente nos organizávamos e íamos, bastavam alguns minutos para ela dizer:

— A água está gelada! Quero ir embora.

Voltávamos para casa, e, assim que cruzávamos a porta, ela soltava:

— Vamos à piscina amanhã? Não quero ficar aqui. Essa casa é muito chata. Prefiro o abrigo!

Cada refeição que eu preparava parecia desagradá-la. Ela se sentava à mesa e ficava encarando o prato com uma expressão de nojo, sem tocar na comida por horas. Às vezes, sentia o cheiro da comida que eu havia feito com tanto carinho e amor, e aquele aroma que deveria trazer aconchego parecia para ela motivo de repulsa. O primeiro pedido para voltar ao abrigo aconteceu cerca de vinte dias após a guarda provisória, e o gatilho foi algo simples: pedi que deixasse os irmãos mais novos escolherem um filme para assistir. Ela explodiu, como se aquele pequeno gesto fosse uma enorme injustiça.

Por mais de um ano, ouvi incontáveis vezes Flávia manifestar desejo de ir embora. No começo, essas palavras me atingiam como facadas. Ficava tão triste que não conseguia nem responder, no início. Eu apenas corria para o quarto, fechava a porta e chorava. Era uma dor sufocante, uma sensação de fracasso como mãe. Os irmãos acabavam sendo fortemente impactados por esses pedidos, e era doloroso ver os seus rostinhos nessas situações. Não era incomum que, logo em seguida, Fabrício dissesse:

— Se a Flávia for, eu vou embora junto.

Flávia tinha uma habilidade impressionante de se adaptar e conseguir o que queria. Em casa, tínhamos um acordo: cada criança escolhia seu programa favorito na hora de ver televisão. Flávia, no entanto, sempre dava um jeito de quebrar o combinado, valendo-se especialmente do momento de escolha de Arthur, que quase nunca conseguia assistir ao que queria. E não era só na televisão. Muitas vezes, algo acontecia em casa que resultava em uma bronca, e Flávia articulava de forma sutil para que os irmãos, principalmente os mais novos, levassem a culpa. Demorei bastante para perceber suas manobras e, até lá, acabei sendo injusta com os meninos em diversas ocasiões.

Sabe os muitos vestidos que comprei com tanto carinho para o enxoval? Escolhemos juntas, peça por peça, imaginando como ela ficaria linda em cada um deles. Sim, Flávia foi comigo comprá-los, e foi ela quem os escolheu. No entanto, por mais de um ano, minha filha se recusou a usar qualquer um deles. Os vestidos permaneceram intactos no guarda-roupa, como um lembrete silencioso de algo que não se concretizava. No fim, precisei doar a maioria sem que ela sequer experimentasse, porque os vestidos já não serviam mais. Foi frustrante ver aquelas roupas escolhidas com tanto amor sendo passadas adiante sem nunca terem cumprido o propósito que um dia imaginei.

Cada vez que precisávamos sair, era como se um campo de batalha se formasse. Eu me via revivendo a voz da minha mãe, que sempre me ensinou a importância do cuidado com as roupas, pois somos julgados pela aparência no dia a dia. Se eu e minha irmã parecêssemos descuidadas, o julgamento recairia sobre minha mãe, e isso era impensável. Eu, sem perceber, levei essa visão para minha própria maternidade. Ver meus filhos arrumados e limpos não era apenas uma questão de vaidade, mas de cuidado, de mostrar ao mundo que eles eram amados.

No entanto, Flávia parecia ter um radar para os meus sentimentos, e isso logo se tornou um ponto de atrito. Ela percebia, quase intuitivamente, o quanto aquilo era importante para mim, e fazia questão de desafiar essa expectativa. Sempre que estávamos prestes a sair, ela chegava ao ponto de bagunçar o cabelo bem na minha frente. Ao som de suas mãos penteando os cachos, eu observava, impotente, ela desmanchar com um gesto rápido o trabalho de toda uma manhã. No início, pensei ser uma simples provocação infantil, um teste de limites, algo típico da fase de adaptação. Achava que Flávia queria apenas ver até onde eu iria.

Mas, com o tempo, fui percebendo que havia algo mais profundo por trás desse comportamento. Sua relutância em se arrumar não era simplesmente um capricho. Comecei a notar os gestos dela quando ficava diante do espelho. Quando colocava algo bonito ou arrumava o cabelo, havia uma mudança visível no olhar, uma sombra de desconforto que se instalava. Ela evitava se olhar por muito tempo, como se ver a própria imagem fosse doloroso. Cada vez que eu insistia para que pusesse um dos vestidos ou ajeitasse o cabelo, Flávia fechava a cara.

Demorei muito a entender que minha filha não se achava bonita. Ela sentia uma dor profunda no ato de se arrumar, como se, de alguma forma, não fosse digna. Estar bonita não trazia alegria, mas sofrimento, e entender isso partiu meu coração. Ver beleza nela era tão natural para mim, tão evidente, mas, para Flávia, isso parecia ser inalcançável, algo que sentia não merecer.

As datas comemorativas eram, por consequência, momentos muito delicados. Era evidente o quanto essas ocasiões a afetavam, especialmente tudo o que remetia à figura materna. Cada celebração parecia acender uma chama de desconforto em Flávia, um incômodo que, muitas vezes, se manifestava de forma direta e dolorosa. Em várias ocasiões, ela me olhava nos olhos e dizia com frieza:

— Não adianta, nada do que você fizer vai me fazer te aceitar como mãe! Eu já tenho mãe.

O discurso me atingia de um jeito que eu nunca tinha experimentado antes. Não importavam quantas vezes eu tentasse me preparar para o impacto, a dor era sempre devastadora. Houve um período em que isso me consumiu por completo, e não conseguia mais conter as lágrimas. Cheguei ao ponto de chorar o dia inteiro, incapaz de segurar o desespero que transbordava de mim. Eu me sentia quebrada, como se tudo o que estava tentando construir com tanto esforço estivesse desmoronando diante dos meus olhos.

Quando as lágrimas se tornavam inevitáveis, eu corria para o quarto, fechava a porta e me permitia desabar. Naquele espaço fechado, o som abafado dos meus soluços ficava contido e eu tentava me recompor sem que as crianças vissem. Mas Flávia sabia. Ela sempre sabia. E, em vez de respeitar meu momento de dor, fazia o contrário. Frequentemente se aproximava da porta do meu quarto e, enquanto eu chorava, começava a cantar. Não qualquer música, mas uma canção alegre e com um tom alto. Para mim, aquilo era mais do que uma afronta; parecia uma crueldade sem fim. Eu me perguntava: "Meu Deus, como uma criança pode ser tão cruel? Como alguém tão jovem consegue agir dessa maneira, sabendo o quanto isso me fere? Por que ela me odeia tanto?"

Cada palavra cantarolada parecia zombar da minha dor. Quando finalmente conseguia parar de chorar e voltava para a sala, o comportamento dela só aumentava a minha angústia. Flávia me ignorava por horas, como se eu não estivesse presente. Mas o que mais me assustava era o riso. Um riso descontrolado, que ela soltava como se estivesse em meio a uma festa, enquanto eu lutava para não desmoronar de novo. Aquele riso me perseguia internamente, e eu me sentia impotente e assustada.

O contraste entre a minha vulnerabilidade e a aparente insensibilidade daquela menina era aterrador. Eu me sentia perdida, sem saber como lidar com tamanha rejeição e hostilidade. Mesmo diante de tanto desprezo, persisti na minha luta pelo amor de Flávia. Isso não significa que sempre tenha sido a mãe mais amorosa do mundo. Por muitas vezes perdi a paciência e gritei com ela, mas sempre pedia perdão e reafirmava o meu amor dizendo:

— Não adianta tentar me afastar, vou continuar aqui.

Flávia com frequência me fazia uma pergunta que revelava a profundidade de sua dor:

— Você não desiste nunca? Por que eu?

A vontade de me conectar com minha filha era tão intensa que eu dedicava horas do dia só para prestar atenção nela. Lembro que separei um caderninho a fim de anotar seus comportamentos e reações no cotidiano. Para me aproximar, eu criava pequenas situações, como pegar uma vassoura e fingir estar varrendo o quarto dela ou um local próximo, quando, na verdade, estava ali apenas para observá-la. Ao final do dia, revisava minhas anotações e buscava no computador, em artigos científicos, explicações para o que havia notado.

Com o tempo, aprendi muito sobre Flávia e percebi que ela tinha cinco olhares distintos: o de paralisia, quando uma desconexão mental a impedia de me escutar; o de manipulação, que sempre vinha acompanhado de uma cruzada de pernas e uma jogada de cabelo para o lado; o de raiva; o de medo e o da mentira, todos autoexplicativos. Quando comecei a identificá-los, compartilhei minha descoberta com Maurício. No início, ele falou:

— Loira, você não está bem! Estou preocupado!

Convidei meu marido a observá-la como eu vinha fazendo, e em poucas semanas Maurício ficou igualmente impressionado. Minha capacidade de prever o comportamento de Flávia se tornou quase intuitiva. Quando ela fazia algo, eu logo sabia qual seria o estado emocional da resposta e rebatia com assertividade: "Flávia, eu sei que você está mentindo para mim." Ou: "Consigo ver nos seus olhos a raiva que você está sentindo."

Ela ficava assustada e perguntava:

— Como você sabe?

Mas, à medida que os olhares de raiva e manipulação foram se tornando mais frequentes, um pânico começou a se instalar em nós. Desesperados, pedimos dinheiro emprestado aos meus pais e levamos Flávia a uma psiquiatra infantil em Campinas, especializada em crianças vítimas de traumas. Esse momento se tornou um dos episódios mais significativos da nossa história. Ao entrar na sala da médica, imediatamente eu disse:

— Doutora, minha filha é uma sociopata! Estou morrendo de medo!

A reação da médica foi marcante. Ela me lançou um sorriso contido e um olhar de compreensão, pediu que eu me sentasse e, com um tom acolhedor, respondeu:

— Calma, mãe. Você está muito nervosa. Me explica por que você acha isso.

Contei tudo a ela, que ouviu com empatia genuína. Depois da nossa troca, Flávia foi chamada para uma conversa que durou mais de uma hora. Quando retornei ao consultório, a médica, com um sorriso sereno, disse:

— Poder ficar tranquila, Fernanda. Sua filha não é sociopata. Mas vou ser sincera com você: a Flávia está sofrendo muito, vivendo um processo chamado ambivalência.

Segundo a psiquiatra, Flávia estava em uma batalha interna, dividida entre o desejo de me reconhecer como mãe e a culpa por achar que estava traindo a mãe biológica. Ambivalência é um sentimento conflitante no qual duas ideias de igual importância e intensidade coexistem, ou seja, na mesma medida em que queria me reconhecer e encontrar felicidade, ela sofria com a sensação de trair a mãe que conheceu.

Foi tão triste e revelador ouvir esse diagnóstico! Naquele momento pude enfim entender que aquilo que eu chamava de "desafio" era na verdade um grito desesperado por ajuda. A dor que eu achava ser direcionada a mim, na verdade, era uma manifestação do próprio sofrimento interno de Flávia.

Tomar a decisão de levá-la ao psiquiatra tinha sido extremamente difícil. A resistência de todos ao meu redor era palpável; eles insistiam que a consulta não era necessária. Porém, no fim das contas, a avaliação clínica foi um marco decisivo em nossa história e desempenhou um papel fundamental na construção do nosso vínculo. Dra. Julie foi um verdadeiro farol de humanidade e carinho para nós.

Ela não apenas ouviu nossas queixas, mas enxergou além delas. Percebeu que a necessidade de apoio não se limitava à Flávia: também se estendia a mim. Pela primeira vez desde que me tornei mãe, alguém me olhou sem julgamentos ou opiniões preconceituosas. Dra. Julie percebeu o quanto eu estava exausta e sobrecarregada e me ofereceu um acolhimento genuíno. No entanto, há um detalhe um tanto cômico nesse episódio da nossa vida. Levei Flávia ao psiquiatra com a esperança de encontrar um tratamento para ela, mas, ironicamente, quem saiu de lá medicada fui eu.

Flávia, como era de se esperar, demonstrava uma resistência enorme em se envolver com a terapia; assim, um psicólogo tradicional acabava sendo um obstáculo para que ela se abrisse. Seguindo a recomendação da Dra. Julie, procuramos então uma terapeuta ocupacional (TO) especializada em saúde mental. Apesar das dificuldades financeiras, encontramos meios de viabilizar o tratamento. A profissional atuava numa cidade vizinha, o que complicava ainda mais a rotina. Toda semana, eu colocava as quatro crianças no carro e dirigia até Campinas para que a Flávia pudesse ter suas sessões. Enquanto ela estava em terapia, eu passava mais de uma hora tentando entreter os outros irmãos numa salinha de espera.

O começo foi difícil. Flávia se fechava e preferia brincar durante as sessões, o que me deixava frustrada e desanimada. A sensação de impotência era palpável; eu queria muito que ela se abrisse e que todos os problemas se resolvessem de uma vez por todas. Naquele momento, era difícil entender de fato o que minha filha estava passando e oferecer o amor e a empatia de que ela precisava. Mas, mesmo exaustos, continuamos lutando com unhas e dentes pelo bem-estar da nossa família.

* * *

Novembro de 2020. O oficial de Justiça chegou em nossa casa por volta das sete, numa noite chuvosa e turbulenta. Como estávamos fora com as crianças, ele precisou ligar para nos informar da chegada. Voltamos correndo, encharcados pela chuva que caía sem parar. Ele estava ali para entregar o ofício informando a data da nossa audiência de adoção, marcada para março do ano seguinte. Assinamos os documentos dentro do carro, o som da chuva criando um pano de fundo quase surreal para aquele momento decisivo: seríamos oficialmente uma família diante da lei.

Para comemorar, fomos comer um lanche com as crianças. O cheiro de batatas fritas e hambúrgueres misturado ao da chuva ainda é vivo na memória. Flávia estava radiante, conversando animadamente e compartilhando sua felicidade. Aquela noite parecia um sonho realizado, uma explosão de alegria e esperança que preenchia nosso coração. No entanto, ao acordarmos no dia seguinte, a sensação de normalidade foi abruptamente interrompida. Mais uma vez, nossa vida virou de cabeça para baixo, mergulhando-nos em uma nova onda de desafios e incertezas.

Flávia passou de um extremo ao outro. Ela começou a evitar minha companhia a todo custo, tornando-se grosseira e ríspida. Era como se estivesse o tempo todo à procura de algo para me incomodar, e, quando encontrava, fazia questão de intensificar o comportamento. Os pedidos para retornar ao abrigo, que antes haviam diminuído, se tornaram muito mais frequentes, quase diários. Durante esse período, eu desabei emocionalmente e me vi à beira de uma depressão. A terapia foi um pilar fundamental para me sustentar nesse processo doloroso.

Maurício ficava desesperado. Quando ele saía para o trabalho, eu estava chorando e, quando ele voltava, também. Era comum eu pegar o carro e sair sem rumo, à procura de um lugar onde pudesse ficar sozinha e chorar sem interrupções. Implorava a Deus por forças, pois a dor e o desespero eram insuportáveis.

No mês seguinte, comemoramos nosso segundo Natal juntos. Curiosamente, alguns dias antes, nossa filha começara a apresentar um comportamento mais calmo, o que trouxe um alívio imenso. Fiz o possível para tornar aquele Natal especial: cozinhei pratos deliciosos, preparei as sobremesas que as crianças pediram e levei tudo para a casa da minha mãe a fim de celebrarmos em família, pois Maurício iria trabalhar naquela noite. Antes de sair de casa, oramos, agradecendo a Deus por estarmos juntos. A noite foi agradável até a meia-noite, quando começou a queima de fogos. Quando olhei para o lado, vi Flávia em um canto isolado, de costas para mim. Com a intenção de lhe dar um beijo e expressar o quanto a amava, me aproximei, mas fui surpreendida por uma oração sincera e comovente, que dizia:

— Senhor Deus, por favor, me leve de volta para a minha mamãe. Não quero estar aqui.

Flávia não percebeu que eu estava ali, e, diante daquela situação, fiquei paralisada. A dor que senti foi tão intensa que mal conseguia me manter em pé. Disfarcei e me afastei lentamente, sem revelar a ela que havia ouvido suas palavras. Senti uma raiva profunda, não posso mentir, mas também percebi a enormidade da dor que Flávia estava sentindo. Foi tudo muito confuso e angustiante. Eu não queria viver tudo que estava vivendo, mas ela também não queria, essa era a verdade. Flávia não teve a oportunidade de escolher se iria ou não para a adoção, e isso, sem dúvida, foi uma experiência dolorosa para ela.

Alguns dias após a virada do ano, a terapeuta de Flávia me convidou para uma sessão em família. Nós nos acomodamos em um pequeno sofá, eu e Flávia, enquanto a terapeuta ocupacional se posicionou de frente para nós. A conversa começou de forma leve e agradável. Ela mencionou que, aos poucos, nossa filha estava começando a se abrir e que estava fazendo progressos na terapia. Fui tomada por uma onda de felicidade e esperança.

De repente, a terapeuta disse:

— Mãe, a Flávia queria fazer um pedido, mas está envergonhada e me pediu para ajudá-la. Por isso, chamei você aqui.

Com um leve sorriso no rosto e um tanto confusa, envolvi Flávia com meus braços, olhei para ela e depois para a terapeuta e perguntei:

— Do que minha princesa está precisando?

A terapeuta respirou fundo e respondeu:

— Flávia quer passar uma semana sem falar com você. Não quer que você se dirija a ela. Vocês só irão conversar quando ela quiser.

Fiquei perplexa. Minha pressão subiu na hora, e um mal-estar se instalou de tal forma que achei que fosse desmaiar.

— O quê? Como assim? — fiquei repetindo aos gaguejos.

Perdi toda a compostura naquele momento e comecei a ser grosseira com a terapeuta.

— Que absurdo é esse? Nossa família está passando por tantas dificuldades para que Flávia possa ter acompanhamento terapêutico e se sentir melhor, e para que finalmente a gente construa um vínculo afetivo, e você me propõe ficar sem falar com a minha filha porque ela quer?

A terapeuta tentou me acalmar, mas, quanto mais ela falava, mais eu me sentia mal. Meu corpo tremia incontrolavelmente, e temia que fosse infartar. Após alguns minutos, ela olhou nos meus olhos e disse:

— Entendo que isso não é fácil para você, Fernanda, mas você já se deu conta de que talvez a Flávia nunca mude e não se torne a filha que você espera? Esse vínculo que você deseja pode nunca acontecer. A pergunta aqui é: o que você fará com essa informação?

Nesse momento, peguei a Flávia pela mão (sim, ela estava do meu lado) e a puxei, saindo do consultório sem me despedir. Cambaleando, com dificuldades para respirar, cheguei no carro, entrei, fiquei muda, coloquei uma música alta no rádio enquanto chorava em silêncio durante todo o trajeto. Estava descontrolada.

Durante aquela semana, na terapia, desabafei sobre a situação e confesso que perdi o controle. Sentia uma raiva avassaladora e precisava expressá-la.

— Eu cansei. Agora quem não quer falar com ela sou eu — repeti várias vezes.

Minha psicóloga me olhou com compaixão e disse:

— Você não precisa conversar com ela agora. Só precisa cuidar dela.

Aquelas palavras só fizeram minha angústia aumentar, e chorei ainda mais, exclamando:

— Mas que tipo de mãe eu seria se não falasse com minha própria filha? Não consigo viver assim, não consigo. Não foi para isso que me tornei mãe.

Ela, com uma calma reconfortante, respondeu:

— Fer, preciso voltar a dizer que você vai ter que aceitar a Flávia como ela é. A terapeuta dela não errou ao falar que o vínculo que você idealiza pode nunca se concretizar. Isso não é algo relacionado exclusivamente à adoção; muitos pais biológicos enfrentam rejeição por parte dos filhos.

Vivemos um período extremamente difícil entre janeiro e março de 2021. Durante esses meses, parecia que nada dava certo. Eu e Flávia tivemos várias discussões, como se estivéssemos em um verdadeiro cabo de guerra. Desesperada, entrei em contato com a psiquiatra, que foi um apoio crucial nesse período. Ela nos ligava algumas vezes para saber como estávamos e, sempre com uma palavra de encorajamento, dizia:

— Aguenta só mais um pouco! Vai valer a pena!

Não tenho dúvidas de que a Dra. Julie foi colocada por Deus em nossa vida. Talvez ela nem saiba disso, mas, sem o encorajamento dela, eu não teria conseguido. Enfim chegou março, trazendo a iminência da concretização da nossa adoção. Em um domingo à noite, Flávia teve uma crise de raiva e começou a pedir para ir embora de casa. Ela dizia em alto e bom som:

— Me leva embora daqui! Eu quero ir embora!

Maurício estava no trabalho, e, sem paciência, peguei Flávia pela mão e a levei por todos os cômodos da casa, dizendo:

— Está vendo este quarto? Ele é seu, porque essa é sua casa!

Fiz isso em cada cômodo, e a Flávia respondia:

— Por que você insiste tanto nisso? Você não vai ser minha mãe, pode desistir. Desiste de mim, chega! Eu quero que você desista.

Fomos ao banheiro e, de frente ao espelho, falei:

— Está vendo essas duas pessoas no espelho? Somos eu e você. Mãe e filha. Aceita, que vai doer menos. Sou sua mãe, e acabou.

Totalmente nervosa, fomos em direção à sala. Sentamos, ela em uma poltrona e eu no sofá. Consegui me acalmar, respirei fundo, olhei bem fundo em seus olhos e continuei:

— Eu insisto porque você é minha filha. Você pode escolher me odiar, querer viver esse inferno todos os dias para o resto da vida, mas não vou desistir de você. Não preciso que você mereça o meu amor; eu só te amo, e ponto.

No fim da nossa conversa, Flávia chorou muito. Acho que foi a primeira vez que ela extravasou suas emoções com lágrimas, já que geralmente mantinha uma postura dura e não costumava se abrir. Anos depois, descobri que minha filha tinha parado de chorar aos 7 anos, após um episódio no abrigo, quando uma garota mais velha lhe disse:

— Quer sobreviver aqui? Então, pare de chorar! Você tem que ser forte!

Passei dias destruída após esse nosso episódio. Exatamente três dias antes da audiência de adoção, Flávia acordou enfurecida e desafiadora. Tivemos uma discussão intensa, e ela me falou:

— Chega! Você me leva hoje de volta para o abrigo ou, no dia da audiência, vou gritar pra todo mundo saber que nunca quis ser adotada por vocês. Você não vai me forçar a ficar aqui.

Sem paciência, decidi arriscar outra abordagem:

— Ok! Vai arrumar sua mala, que hoje você vai embora.

Flávia bufou e foi para o quarto enquanto eu continuei preparando o almoço. Algum tempo depois, senti um cutucão no ombro e, ao me virar, lá estava ela, com um olhar envergonhado.

— Mãe, pensei melhor e, pelos meus irmãos, é melhor eu ficar, né?

Ela não deu o braço a torcer (risos), mas estava ali na minha frente com um olhar diferente, que demonstrava muita tristeza e fragilidade.

— Sabe, filha, estou exausta de tudo isso. Eu queria viver em paz. Entendo que talvez você nunca me veja como sua mãe e acho que consigo conviver com isso por amor a vocês. Mas preciso de paz. Seus irmãos merecem viver em um lar saudável, sem tantas discussões. Tenho olhado tanto para você que acabo negligenciando seus irmãos. Precisamos parar com isso. Então, se você realmente quer ficar, vai ser necessário mudar.

Ela me olhou como nunca antes e respondeu:

— Vou tentar, mãe.

A verdade é que aquela menina estava passando por um profundo sofrimento. Nada daquilo tinha a ver comigo ou era para mim. Demorei um tempo considerável para entender o grito de socorro de Flávia, mas, quando finalmente isso aconteceu, encontrei a força necessária para traçar um novo caminho em nossa história.

Capítulo 13

A CONSTRUÇÃO DOS VÍNCULOS AFETIVOS

A verdade é que, enquanto eu tentava me aproximar da Flávia, acabei negligenciando emocionalmente meus outros três filhos. A construção do meu vínculo com o Fabrício foi particularmente difícil; eu não conseguia mais vê-lo como filho. O garotinho meigo que me chamou de mãe menos de uma hora após nos conhecermos estava, cada dia, se tornando mais distante de mim, assim como eu dele. Meu pequeno era muito chorão, queria colo o dia inteiro e não gostava de dividir a atenção. Isso me deixava tão sem graça e gerava uma culpa indescritível, como um peso em meu peito que parecia intransponível.

Certa vez, após mais de um ano juntos, durante o período de intensas mudanças comportamentais da Flávia, vivi uma situação dolorosa com Fabrício que me marcou para sempre. Bibi estava sentado à mesa, tomando sua vitamina, com os olhos cheios de lágrimas. Ele não havia levado bronca, não tinha brigado com os irmãos; tudo estava aparentemente tranquilo. Cheguei ao lado dele e perguntei, preocupada:

— Filho, você está bem?

Ele abaixou a cabeça e ficou em silêncio por um instante, como se buscasse coragem e forças, até que conseguiu dizer:

— Eu sei que você não me ama. Você só ama a Flávia e o Arthur.

Fiquei em choque. As palavras fugiram de mim, e as lágrimas começaram a escorrer sem parar. Confusa, eu apenas falei:

— Eu amo você, filho, mas estou com dificuldades para aprender a ser mãe. Me perdoe por te fazer se sentir assim, você não merece isso.

Dei um abraço rápido nele e liberei a televisão para que eles assistissem. Eu precisava de um tempo para mim, não queria chorar na frente dele. As crianças foram para o quarto e fecharam a porta enquanto eu me dirigia à cozinha, me apoiando nos móveis para não cair. Quando, enfim, percebi que eles estavam entretidos com o desenho, caí no chão, totalmente sem forças, e comecei a chorar sem parar. Fiquei deitada ali, em posição fetal, por cerca de meia hora, imersa em um choque profundo.

Quando consegui me sentar, peguei o telefone e liguei para uma pessoa importante para mim, ansiando por uma palavra de encorajamento. Me lembro de dizer, com a voz embargada:

— Não estou conseguindo ser a mãe que eles precisam. Sou a pior mãe do mundo.

Contei um pouco sobre tudo o que estava acontecendo, e a resposta que recebi foi brutal:

— Você escolheu ter esses problemas, vai ter que aguentar. Talvez tenha sido por isso que Deus não te deu um filho.

Essa fala me quebrou em mil pedaços. Foi tão difícil para mim que, à medida que escrevo este trecho, as lágrimas escorrem dos meus olhos. Não tive uma rede de apoio; não pude compartilhar minhas dores. O início da minha maternidade foi extremamente solitário, como um deserto árido, onde a solidão era minha única companhia.

Depois de viver muitas batalhas na adaptação e ser levada ao extremo, precisei tomar a decisão de assumir a responsabilidade de fazer dar certo. Pode parecer algo simples, mas não é. Ao assumir essa responsabilidade, é necessário parar de olhar apenas para as questões de comportamento e romper com rótulos e crenças limitantes que temos em relação a nossos filhos. Precisamos aceitá-los como indivíduos reais e abrir mão completamente do imaginário.

Para entender como meus filhos se sentiam, precisei olhar para mim mesma e buscar me compreender. A primeira coisa que percebi foi que eu adorava Fabrício; achava-o incrível e já o amava, mas tudo isso estava ofuscado pelas minhas feridas da infância. Eu fui uma filha chorona que queria a atenção toda para si, assim como ele. Reconhecer isso doeu, porque mexeu na ferida, mas, em poucos dias, me fez olhar para o meu filho com outros olhos. Foi como se minha visão deixasse de ser turva, e, de repente, eu voltasse a enxergar.

Além disso, precisei aprender sobre as linguagens do amor e descobrir quais eram as minhas e quais eram as dos meus filhos. Com a terapia, percebi que, por mais que tentasse, nunca conseguiria suprir todas as necessidades dos quatro. Era humanamente impossível ser a mãe perfeita que eu tanto queria. Aceitar isso também doeu, mas, ao mesmo tempo, foi libertador.

Em determinada ocasião, conversando com minha terapeuta, comentei que me sentia mal por precisar pegar o Fabrício no colo tantas vezes ao dia. Ela me disse:

— É simples resolver isso. Pegue-o só quando você quiser.

Fiquei perplexa e respondi:

— Imagina! Ele não vai se sentir amado se eu fizer isso. Que tipo de mãe eu seria se não quisesse pegá-lo no colo?

Ela replicou:

— Uma mãe real, que é verdadeira com seu filho. Você realmente acredita que ele se sente amado quando você o pega sem querer?

Toda sem graça, respondi que sim. Então, ela me fez um desafio:

— Tente, durante esta semana, ser mais sincera com ele em relação ao colo. Apenas pegue Fabrício se você realmente quiser. Se não quiser, apenas diga: "Filho, agora não vou te pegar no colo, mas depois a mamãe pega." Observe a reação dele e veja como você se sente. Conversamos na próxima semana.

Quando cheguei em casa, a primeira coisa que Fabrício fez foi pedir colo. Sem jeito, respondi:

— Filho, mamãe acabou de chegar e quer descansar um pouquinho. Tudo bem eu te dar um colinho depois?

Ele me olhou com um sorriso.

— Claro, mãe! Todo mundo precisa descansar.

Fiquei totalmente surpresa. Ele não se sentiu rejeitado; pelo contrário, parecia compreender. A partir daí, comecei a ser mais sincera sobre quando queria dar colo ou não. Ficou muito mais leve para mim demonstrar amor na linguagem dos meus filhos, mesmo que o toque não fosse a minha forma preferida de expressar carinho. Apesar do início difícil que vivemos, hoje eu e Fabrício somos muito próximos. Ele se parece bastante comigo e é um garotinho incrível.

Em inúmeras ocasiões, a solidez da nossa decisão pela adoção foi posta à prova. Foi uma jornada repleta de desafios, muitos dos quais foram dolorosos. Contudo, a beleza da transformação que presenciamos foi igualmente recompensadora e indescritivelmente bela. Cada obstáculo superado tornou os nossos laços ainda mais inquebráveis, e a nossa família, mais forte. Nosso processo, cheio de altos e baixos, criou um vínculo forte que só o tempo pode oferecer. Cada um dos meus filhos seguiu seu ritmo, e isso exigiu de nós, como pais, uma mistura de amor incondicional, renúncia e uma resolução inabalável. O primeiro filho com quem me vinculei foi Flávio, logo depois veio o Arthur, alguns meses depois Fabrício. Contudo, como contei no capítulo anterior, mesmo após um ano juntos, a Flávia ainda permanecia resistente.

No dia 23 de março de 2021, tivemos a nossa audiência de adoção, que foi realizada on-line. Flávio, por ter mais de 12 anos, foi intimado a participar, pois seria ouvido pelo juiz. Quando chegou a hora, nos sentamos em frente ao computador, ansiosos, acreditando que aquele seria um momento repleto de emoção. A audiência, no entanto, não durou nem dez minutos e, para nossa frustração, não houve nada de emocionante; pelo contrário. Até hoje rimos muito dessa situação.

Tomamos um delicioso café da tarde, nos abraçamos e fomos ao parque ecológico da nossa cidade para tirar algumas fotos, a fim de anunciar aos nossos familiares que éramos oficialmente uma família. Flávia estava perceptivelmente triste, mas tentou se aproximar de mim durante o momento. Acho que foi das primeiras vezes que consegui sentir um pouquinho da dor que ela carregava.

Dois dias depois, acordei cedo e fui preparar o café da manhã. Enquanto mexia os ovos na frigideira, ouvi:

— Bom dia, mãe!

Um arrepio percorreu meu corpo. Flávia sempre me chamara de mãe, mas aquele "mãe" foi diferente. Era real, não consigo explicar. Meus olhos se encheram de lágrimas, e senti uma emoção imensa. A partir daquele dia, conheci minha filha de verdade, e ela não se parecia em nada com a garotinha da adaptação.

Descobri que a minha amada filha é uma mocinha doce, amorosa, inteligente, cheia de opiniões e de empatia, além de ser uma líder nata. Flávia mudou da água para o vinho depois da audiência. Foi algo surpreendente. Como em qualquer relação de mãe e filha, surgiram novos desafios ao longo dos meses, mas era diferente, pois a rejeição havia desaparecido.

Chegou o meu segundo Dia das Mães, que também não foi fácil. Essa data gerou, por muito tempo, vários gatilhos nas crianças, e elas costumavam ficar bem distantes de mim. Doeu muito, confesso, mas a diferença é que eu havia aprendido a olhar além do comportamento dos meus filhos, o que gerou mais empatia por eles. Assim, esperar pelo Dia das Mães se tornou mais leve.

Pouco tempo depois, próximo ao aniversário de 9 anos de Fabrício, estávamos no carro a caminho de casa quando perguntei ao meu filho qual bolo ele gostaria que eu fizesse para a sua comemoração. Todo empolgado, ele respondeu:

— Mamãe, pode ser de Kinder Bueno?

Naquele instante, meu coração se encheu de tristeza. Estava com o orçamento apertado naquele mês e, embora quisesse muito realizar seu desejo, apenas sorri. Bibi percebeu meu silêncio e, com uma maturidade surpreendente, acrescentou:

— Mãe, se for de fubá, também vou amar! O importante é a gente estar junto.

Senti um orgulho imenso do meu filho naquele dia. Sua compreensão e seu amor incondicional aqueceram meu coração, e, infelizmente, naquele ano não conseguimos oferecer o bolo de Kinder Bueno. A realidade das dificuldades financeiras ainda pesava sobre nós, porque, embora o Maurício tivesse voltado a trabalhar, sua renda era pouca, e eu não estava mais trabalhando.

Certo dia, enquanto assistíamos a um programa na televisão, aconteceu uma conversa que mudaria nossa vida para sempre. Lembro como se fosse hoje: Flávia estava sentada na poltrona, com as pernas cruzadas, cabelo preso, vestindo seu pijama da Minnie. Eu disse:

— Filha, tenho tanto orgulho da gente, sabia?

Ela, sem entender nada, sorriu. Continuei:

— Nós tínhamos tudo para ter dado errado, mas não desistimos. Você tem ideia de quantas pessoas vivem essa mesma realidade e, por acharem que não conseguem, desistem?

Ela me olhou nos olhos e exclamou:

— Outras famílias teriam desistido de mim, não é, mãe?

— Não é fácil lidar com tantas demandas. Nós, pais, não estamos preparados para tudo isso. É um caminho difícil e solitário — respondi sem jeito.

Flávia me olhou bem no fundo dos olhos.

— Foi difícil pra mim também, mãe! — Ficamos em silêncio por um tempo, até que ela prosseguiu: — E se a gente contasse essa história para o mundo?

Fiquei um pouco perdida, sem entender aonde ela queria chegar, e respondi:

— Você quer falar sobre isso no grupo de apoio à adoção?

— Também, mas não tem outro jeito de alcançar mais pessoas?

Eu estava com o celular na mão e havia acabado de fazer um post da Laticão. Fiquei olhando para a tela por alguns minutos.

— E se a gente contasse no Instagram? Como se fosse um blog? Será que chegaria nas pessoas que precisam de ajuda?

— Eu te ajudo, mãe! A gente vai ajudar muitas pessoas — disse ela, sorrindo.

Alguns dias depois, em julho de 2021, criei o perfil Mãe por Amor (@mae_poramor). Começamos contando trechos da nossa história. Nos primeiros meses, não alcançamos muitas pessoas. Em outubro daquele mesmo ano, trouxemos meus avós maternos para morar conosco. Minha avó estava em uma clínica para idosos, ao passo que meu avô começava a manifestar sinais de Alzheimer. A casa já era pequena para nossa família e, com a chegada dos meus avós, tornou-se insustentável continuar ali. Começamos a procurar desesperadamente uma chácara para morar, acreditando que seria muito positivo para todos.

Decidir deixar nossa casa não foi uma escolha fácil. Ela era muito bonita e, mesmo sendo pequena e distante do centro da cidade, havia sido construída do jeitinho que queríamos; era a realização de um sonho para nós. Encontrar um novo local não se mostrava uma tarefa fácil. As oportunidades que surgiam eram caras e, muitas vezes, os lugares não tinham armários, o que se tornava um grande desafio, porque, ao sairmos da nossa casa, só seria possível levar alguns eletrodomésticos, o sofá, a mesa de jantar e as camas.

Quando estávamos prestes a desistir, pedi a Deus que nos desse uma direção. Foi então que, de repente, vi o anúncio de uma chácara em um condomínio fechado, com um preço muito abaixo do normal. As únicas três fotos postadas eram bastante ruins e transmitiam uma imagem péssima do local, mas, mesmo assim, marcamos um horário para conhecê-lo. Quando chegamos e entramos, senti uma alegria tão intensa que disse:

— É a nossa casa, amor!

Como iríamos cuidar dos meus avós, combinamos que meus pais ajudariam com metade do aluguel. Nós nos mudamos em menos de uma semana e ficamos muito tempo com nossas roupas em araras e caixas. Ganhamos um fogão dos meus pais e assim começamos um novo capítulo da nossa história, sem nenhum luxo, ainda enfrentando dificuldades financeiras, com nossos filhos e meus dois avós.

Meu prazo para a defesa do doutorado estava se esgotando. Já haviam se passado quase dois anos desde que eu decidira dar uma pausa nos estudos, e, mesmo em meio à loucura da rotina de cuidar de quatro crianças e dois idosos, me esforcei ao máximo para finalizar a escrita da minha tese e defendê-la.

Um dia antes da defesa, porém, um evento inesperado e doloroso ocorreu: meu avô, que enfrentava os desafios da doença senil, teve uma crise bastante intensa e me agrediu. Naquela época, nós ainda não compreendíamos plenamente o tamanho dos danos que a doença traria, nem imaginávamos os inúmeros desafios que encararíamos nos meses seguintes. Essa situação me quebrou em muitos pedaços, como se cada parte de mim estivesse desmoronando sob o peso da tristeza e da impotência. Meu avô foi o grande amor da minha vida.

No dia da defesa, a tensão me envolvia como um nevoeiro. A sensação de estar perdida e aflita era palpável; eu não consegui estudar o quanto gostaria para a minha apresentação. Antes de entrar na sala, fechei os olhos, respirei fundo e orei, pedindo a Deus que me ajudasse. Sabia da enorme responsabilidade que estava diante de mim e da importância daquele momento. Maurício estava trabalhando, e eu achava que ele não daria, mas ele arranjou um jeito de assistir à defesa on-line, um gesto que significou muito para mim. Tê-lo ali, presente de alguma forma, foi como um bálsamo para o meu coração agitado. Meus filhos estavam ali, pertinho de mim, com sorrisos radiantes e olhares de apoio que me preenchiam de amor.

De uma forma incrível, toda a força e a garra que eu precisava surgiram de dentro de mim, e consegui defender a tese com excelência. Ao final, quando tudo parecia ter se acalmado, meus filhos correram até mim, me envolveram em um abraço apertado, e Flávia me entregou uma carta que me fez chorar que nem um bebê. Em um trecho, ela escreveu: "Mãe, você me deu voz, e é por isso que nunca mais vou me calar. Eu te amo!"

Essas palavras me invadiram, como um lembrete poderoso do impacto que eu tinha na vida deles. Sentindo uma onda avassaladora de amor e gratidão, percebi que deixaria um legado de força e amor neste mundo tão difícil.

As batalhas que vivi nos cuidados dos meus avós aproximaram muito meus filhos de mim. Era lindo observar o quanto eles me apoiaram e se empenhavam em cuidar com amor dos seus bisavós. No entanto, o final do ano de 2021 não foi dos melhores para nós. As dívidas pareciam nos sufocar.

No dia 1º de janeiro de 2022, no final da tarde, eu e Maurício decidimos sair juntos para dar uma caminhada pelo condomínio. Lembro claramente nossas expressões de tristeza e desânimo, como se o peso do mundo estivesse sobre nossos ombros. Começamos a conversar sobre nossas metas para o ano que começava. Mesmo sem muitas esperanças, disse a ele:

— Gostaria que este fosse o ano da virada de chave da nossa vida. Sou grata a Deus por todo o aprendizado e cuidados nos últimos dois anos, mas a verdade é que estou exausta. Queria sorrir com mais frequência e não deixar faltar nada para as crianças.

Nesse momento, as lágrimas escorriam pelo meu rosto, quentes e salgadas, misturando-se com a sensação de impotência que me acompanhava. Maurício também se emocionou, e suas palavras me tocaram profundamente:

— Deus está cuidando dos detalhes.

Seguindo a vida, o inesperado aconteceu. Três dias depois, um vídeo nosso viralizou no Instagram, alcançando mais de 8 milhões de pessoas, e muita gente começou a visitar nosso perfil. Em menos de dois dias, tínhamos mais de 100 mil seguidores. Quando vi aquele número, o desespero tomou conta de mim. Corri para o quarto, me ajoelhei e orei, sentindo uma mistura de ansiedade e gratidão:

— Deus, é muita gente! Olha o tamanho da responsabilidade! Eu só quero isso se for para ser um exemplo de amor e se o Senhor estiver comigo.

Foi um turbilhão de emoções — amor, medo, esperança —, mas eu sabia que estava diante de uma nova oportunidade. A sensação de que algo grandioso estava prestes a acontecer me envolveu, trazendo uma luz de esperança em meio à escuridão que havia me acompanhado.

Em menos de um mês, chegamos a 369 mil seguidores. Era incrível. Comecei a receber oportunidades de parcerias, mas, a princípio, rejeitei todas. Demorei um pouco para entender que eram oportunidades dignas de trabalho, capazes de melhorar muito nossa vida. Recebemos nosso primeiro convite para ir a um resort, e, em um sábado à tarde, enquanto nos arrumávamos para um evento da Laticão, meu Instagram foi invadido por uma quadrilha de hackers internacionais. Fiquei desesperada. A sensação era como se estivéssemos sequestrados emocionalmente; só quem vive algo semelhante pode descrever a profundidade desse desespero.

Chegamos ao evento atrasados, e minha mente estava superdispersa; eu estava ali, mas não estava realmente presente. Havia me comprometido a ir, então tentei me distrair com os animais e as crianças, mas, de repente, Flávia se aproximou de mim, pálida e visivelmente abalada. Ela comentou, com a voz trêmula:

— Tem uma pessoa que quer falar com você.

Sem entender o que estava acontecendo, segui Flávia até a pessoa que a aguardava. Quando me aproximei, a pessoa tentou sair correndo, e um frio na barriga tomou conta de mim. Segurei seu braço e perguntei:

— Quem é você?

Com um olhar perdido, a mulher respondeu:

— Não sou ninguém!

Nesse momento, parei, olhei nos olhos dela e disse, com firmeza:

— Você é da família dos nossos filhos.

Ela começou a chorar desesperadamente, tentando se afastar de todas as formas. Minha reação foi abraçá-la, envolvendo-a em um gesto de acolhimento e compreensão:

— Não se preocupe, está tudo bem!

Expliquei que respeitaríamos o tempo das crianças para que ela pudesse encontrá-las e mencionei que, após dias tão difíceis, nossa vida e nossa família estavam finalmente se fortalecendo. A mulher pareceu entender, respeitou nosso espaço e se afastou, demonstrando amor pelas crianças e consideração pela nossa situação.

Em estado de choque, fui em direção aos meus filhos, tentando encontrar palavras que pudessem acalmar o coração agitado. Olhei para Flávia, que ainda estava pálida, e, pegando sua mãozinha delicada, levei-a para um lugar mais reservado.

— Filha, você reconheceu quem é? Quer conversar com ela?

Os olhos da menina se encheram de lágrimas.

— Não! Não! Não!

Aproximando-me, abracei-a com ternura e disse:

— Está tudo bem, estou aqui, filha!

Conversamos um pouco sobre a situação, acalmando seu coraçãozinho agitado. Enquanto isso, vi a mulher à distância, olhando para nós, em meio a um mar de lágrimas. Falei para Flávia, tentando encorajá-la:

— Filha, se você quiser e conseguir, dê só um sorriso.

Minha pequena virou, envolveu seus braços ao redor da minha cintura e, olhando em direção àquela pessoa, sorriu. Foi um momento profundamente emocionante para todos nós.

Vinte e quatro horas após a invasão do nosso perfil, ainda não havia notícias de como recuperá-lo. Naquela noite, fomos ao culto. Eu estava tristíssima e fiz de tudo para não chorar na frente das crianças; não queria que associassem minha melancolia ao encontro inesperado do dia anterior.

A mensagem que foi compartilhada durante o culto ressoou profundamente dentro de mim, e ao final procurei um momento de privacidade no banheiro, onde não consegui conter as lágrimas. Chorei, deixando que a dor e a frustração se escoassem, e, quando me recompus e saí, fui surpreendida por Flávio, que estava apoiado na porta, como se esperasse por mim. Ele me abraçou forte e disse, com uma segurança tocante:

— Mãe, nada mudou! Vamos ficar juntos pra sempre.

Não consigo descrever a emoção que senti naquele instante. Foi tão intensa que as lágrimas brotaram novamente, mas agora eram lágrimas de gratidão e amor. A fala do meu filho me lembrou do que realmente importava. Enfim, eu tinha me tornado mãe. Meu vínculo com meus filhos era forte, do jeitinho como havia sonhado.

Infelizmente, recuperar nosso perfil não foi nada fácil. A situação tornava-se cada vez mais aterrorizante, pois o hacker começou a invadir todos os meus e-mails e tentava acessar nossas contas bancárias. Esse pesadelo durou 11 longos dias repletos de angústia e dor. Pensei em desistir das redes sociais inúmeras vezes, mas uma voz suave em meu coração insistia que eu precisava continuar tentando.

Não me esqueço do dia em que, logo após terminar uma oração, ouvi no rádio uma música de Sued Silva que falou diretamente comigo:

> "As evidências gritam que é pra desistir.
> Mas eu estou dizendo, ainda existe vida aí."

Essas palavras ressoaram em meu coração, reacendendo a esperança e a determinação das quais eu precisava para seguir em frente. Foi então que uma amiga da minha irmã entrou em cena. Ela conversou com um delegado em Brasília que aceitou nos ajudar. Em menos de 12 horas, ele conseguiu retirar meu perfil do poder dos hackers, como se uma luz tivesse se acendido em meio à escuridão. A gratidão que senti foi imensa; finalmente, uma esperança renovada surgiu, trazendo consigo a possibilidade de retomar o controle sobre minha vida virtual e, por consequência, sobre parte da minha vida real.

Logo depois, vivi meu terceiro Dia das Mães ao lado dos meus filhos, e esse foi o primeiro em que realmente me senti amada e reconhecida como mãe. Com a ajuda do Maurício, eles prepararam uma mesa linda de café da manhã para mim e compraram um presente encantador. Na sacola, havia várias cartinhas fofas, cada uma recheada de mensagens amorosas. A alegria de viver aquele momento ao lado deles foi indescritível, como se o amor estivesse transbordando no ar.

Aos poucos, novas oportunidades de trabalho começaram a surgir para Maurício, então fomos conseguindo, com muito esforço, pagar nossas dívidas e reorganizar nossa vida. Em junho de 2022, aceitei minha primeira parceria no Instagram, e, a partir daí, novas possibilidades começaram a surgir, trazendo um alívio profundo para nossa rotina desgastada. Meu crescimento na plataforma, aliado à minha experiência com a adoção e com o terceiro setor, abriu portas valiosas que antes pareciam inalcançáveis.

Fui convidada por instituições de acolhimento para auxiliar na criação de projetos. Essa experiência me permitiu vivenciar de perto a realidade de muitas crianças e adolescentes acolhidos enquanto acompanhava, com carinho, centenas de famílias em busca da adoção. Sempre movida pela curiosidade, comecei a criar cenários de estudo, anotando em tabelas tudo o que observava. Cada detalhe, cada sorriso, cada lágrima tornavam-se parte de uma pesquisa que ia além da teoria; era uma imersão na vida dessas crianças. Li dezenas de artigos científicos e ouvi atentamente os relatos delas, aprendendo com suas histórias.

Com o tempo, fui ganhando autoridade no tema, e essa confiança me ajudou a voltar ao mercado de trabalho. Tudo isso é motivo de muita felicidade para mim, porque, após tanta dedicação aos meus filhos, finalmente eu estava voltando a cuidar de mim mesma. Lembranças de quem eu era antes, a Fernanda cheia de sonhos e esperanças, começaram a ressurgir. Senti um aroma doce de renovação no ar, como se a vida estivesse me convidando a sonhar novamente. A sensação de leveza era imensa, como sentir o calor do sol na pele depois de um longo inverno.

Naquele mesmo ano, vivemos um momento especial: a primeira festa de aniversário dos nossos filhos com convidados. Embora não tivesse nada de extravagante, a celebração foi absolutamente perfeita. Organizamos duas festas: uma para Flávia e Flávio, e outra para Arthur e Fabrício. Alguns seguidores generosos enviaram itens de decoração, e as crianças pediram que eu fizesse o bolo.

Flávia e Flávio escolheram o tema Naruto, e eu me lancei ao desafio de confeitar um bolo decorado em um tom de laranja escuro. No entanto, como era minha primeira experiência na confeitaria, o resultado foi... digamos, desastroso. O bolo parecia mais um bolo de frango, e todo mundo caiu na gargalhada ao vê-lo sobre a mesa. Mas e se eu contar que aquele bolo teve um significado profundo para nós? Você acreditaria?

Enquanto eu tentava deixar tudo perfeito, sujei a mesa inteira, e, sem exagero, havia chantilly no meu cabelo. Meus filhos se aproximaram, rindo e se divertindo com a cena. Sem qualquer pretensão e rindo muito, eu perguntei:

— Vocês sabem por que estou fazendo esse bolo, mesmo sem saber?

Fabrício, com um sorriso radiante, respondeu:

— Porque, quando você faz nossos bolos, está dizendo que nos ama.

Fiquei surpresa, pois não esperava ouvir uma resposta tão tocante. Minhas lágrimas começaram a escorregar pelo rosto, e só consegui sussurrar:

— Por vocês, eu faço tudo, até bolo do Naruto.

A festinha foi cheia de risadas e alegria. Pouco depois, realizamos a festa dos mais novos. Diferentemente do ano anterior, conseguimos oferecer o tão sonhado bolo de Kinder Bueno, que, para nossa felicidade, ficou simplesmente maravilhoso. O aroma do chocolate e do doce envolvia a sala, e a alegria nos olhos das crianças fez tudo valer a pena. Essas celebrações se tornaram marcas eternas, lembranças gravadas em nosso coração, como uma doce lembrança de amor e união.

Cada dia, nossos laços foram sendo ainda mais fortalecidos, e a sensação de que sempre estivemos juntos se tornava cada vez mais iminente. A expressão "Eu te amo, mamãe!" passou a ser uma constante em nossa casa, e eu seguia me empenhando para ajudar cada vez mais famílias a se conectarem com seus filhos. A verdade é que a rotina cotidiana me comove profundamente, ela é o verdadeiro combustível para seguirmos adiante.

Hoje, olhando para os rostos sorridentes dos meus filhos, vejo o resultado de uma jornada repleta de altos e baixos, mas também de amor inabalável. A construção do nosso vínculo foi uma trajetória que nos levou ao limite, regada por muitas lágrimas, mas que também nos aproximou uns dos outros. Hoje, sei que o amor que nos une é eterno, uma herança preciosa que transcenderá o tempo.

O mais gratificante em tudo isso é que, mesmo tendo descrito aqui situações tão desafiadoras, eu viveria tudo novamente, um milhão de vezes se fosse preciso, só para ser a mãe dessa turminha. Nossos filhos trouxeram cor e vida à nossa existência. Em dois anos, eles me ensinaram mais sobre a vida do que eu havia aprendido até então. Curaram feridas em mim que eu nem sabia que tinha, e me fizeram um ser humano melhor.

E, embora este livro tenha o objetivo de contar a minha história, não posso deixar de mencionar que tive ao meu lado o melhor companheiro do mundo. Eu não teria chegado até aqui sem meu grande amor: Maurício. Mas, calma, a história não acabou.

Capítulo 14

A CHEGADA DA NATY

Eu e Maurício já não tínhamos a intenção de ter outros filhos, nem pela via biológica, nem pela adotiva. Nossa família parecia completa. No início de 2023, vivemos uma nova reviravolta: a saúde dos meus avós piorou consideravelmente, e eu não conseguia mais dar conta de tudo. Eles precisavam de atenção 24 horas por dia e estavam se colocando em risco com frequência. Minha mãe decidiu parar de trabalhar para cuidar deles e os levou para morar com ela e meu pai. Foi extremamente doloroso admitir que eu não conseguia cuidar daqueles que mais me deram amor na vida.

Continuei me dedicando ao trabalho, tentando canalizar minha energia em algo que me desse sentido. Enquanto visitava um dos projetos sociais que ajudava, conheci uma linda garota de cabelo cacheado. Estávamos em uma atividade de pintura, e ela havia desenhado o próprio rosto. Maurício estava me acompanhando, e foi ele quem percebeu que havia algo faltando na obra. Ele me cutucou:

— Loira, ela se desenhou sem o nariz. Você se lembra de alguém?

Me lembrei na hora dos desenhos da Flávia e, pouco a pouco, me aproximei da menina.

— Oi, sou a Fernanda! Qual é o seu nome?

Ela se virou, olhou para baixo e respondeu com um tom tímido:

— Sou a Naty.

— Que nome lindo! Quantos anos você tem?

Ela estava toda envergonhada.

— Tenho 16 anos, mas vou fazer aniversário em breve.

Cheia de empolgação, falei sem pensar:

— Que legal. Dezessete anos é uma idade linda!

Então, ela me olhou nos olhos e respondeu com uma sinceridade que cortou meu coração:

— Linda para quem tem família. Meus dias em segurança estão acabando, isso não me deixa feliz.

Nesse momento, senti um frio na barriga e um aperto no peito, sem saber o que dizer. Olhei para ela, dei um sorriso nervoso e balancei a cabeça, como se estivesse concordando. Mas, ao observar as marcas em seus braços, percebi a realidade dura que ela enfrentava, e uma onda de compaixão me invadiu, deixando-me sem palavras. O que eu poderia fazer para ajudar aquela jovem que, em sua fragilidade, trazia consigo uma força imensa? A pergunta ecoou em minha mente, e eu sabia que aquele encontro mudaria algo dentro de mim.

Descobri que Naty morava em outra instituição onde eu trabalhava como voluntária também, e soube que ela estava passando por um momento emocional muito difícil. Conversei com Maurício, e juntos decidimos que deveríamos tentar ajudar aquela menina de alguma forma. Comecei a pesquisar sobre apadrinhamento afetivo e descobri que, na minha cidade, esse programa ainda não existia. Embora frustrada com a situação, não desisti. Pedi permissão à equipe técnica do abrigo para me fazer presente na vida da Naty e apoiá-la durante a fase de desacolhimento. O abrigo encaminhou nossa proposta à promotora, e conseguimos autorização para levar Naty a passeios e para conviver com ela.

Lembro-me claramente do dia em que contei à Naty que seríamos seus padrinhos. Era uma terça-feira, e fui ao abrigo para esperar sua chegada do trabalho. Quando ela se aproximou, parecia tão distante que nem me deu atenção (risos). Toquei suavemente em seus ombros e disse:

— Naty, quer ser nossa afilhada? Seria uma honra ter você em nossa vida.

Seus olhos se encheram de lágrimas, e ela sorriu com um brilho que iluminou meu coração:

— Sim! Muito!

Combinamos que ela passaria o sábado conosco. Naty demonstrou muita empolgação, mas, no dia anterior, desmarcou, alegando estar indisposta. Isso se repetiu por dois meses: nossos convites eram sempre recusados. Fiquei preocupada, mas não desisti.

Finalmente, chegou o mês do seu aniversário, e Naty aceitou ir comigo ao salão para arrumar o cabelo e, depois, passar em casa rapidamente. Nesse dia, ela conheceu as crianças, e a conexão entre eles foi instantânea. A alegria e a risada que ela trouxe eram nítidas, e o clima de felicidade encheu o ambiente.

Convidamos Naty para passar o dia do seu aniversário na chácara conosco, e, para nossa alegria, ela aceitou. O cheiro do ar fresco e a sensação da grama sob nossos pés pareciam promessas de um novo começo. Eu estava determinada a mostrar àquela menina que ela não estava sozinha, que havia uma família disposta, de algum modo, a acolhê-la e a dar o carinho que ela tanto merecia. O que estava começando a se formar entre nós era mais do que um simples apadrinhamento; era uma verdadeira amizade, repleta de possibilidades e esperanças renovadas.

No dia seguinte, acordei bem cedinho com uma expectativa que pulsava no meu peito. Fui buscá-la, e, para minha alegria, Naty apareceu até animada, com um brilho tímido nos olhos. Flávia e Fabrício a receberam com uma energia contagiante, chamando-a para brincar, como se já fossem amigos de longa data.

Para tornar aquele dia ainda mais especial, decidimos levá-la a um restaurante que adorávamos, um lugar repleto de coisas deliciosas. O cheiro do tempero caseiro no ar, o aroma das sobremesas nos envolvia como um abraço. Naty se serviu, mas logo percebi que sua animação se dissipou, dando lugar a um olhar preocupado. Ela mal conseguia nos encarar, desviando os olhos para os lados, como se sentisse que alguém a observava com atenção ameaçadora.

Diante do desconforto que a envolvia, tomamos a decisão de apressar nosso retorno para casa. Para distraí-la e criar um ambiente mais acolhedor, fiz um bolo de chocolate, recheado com Ninho e Nutella, cujas camadas se misturavam de forma irresistível. Enquanto ela e as crianças mergulhavam na diversão da piscina, a água cintilante refletindo o sol, o cheiro do bolo assando no forno me fazia sentir que estávamos construindo boas memórias juntos.

Minha sogra e minha mãe vieram nos visitar, trazendo risadas e calor familiar. Cantamos parabéns para a Naty, nossa voz unida ecoando pela casa, envolta por um clima de carinho e acolhimento. Nesse momento especial, tiramos nossa primeira foto juntos. Ao ver o resultado, não pude evitar um sorriso, pensando: "Nossa, que estranho. A gente parece realmente uma família."

Mas, durante vários meses após esse dia, Naty recusou nossos convites para retornar à nossa casa. Mesmo assim, mantivemos contato frequente pelo WhatsApp, trocando mensagens que, embora breves, eram cheias de afeto e carinho. Sempre que possível, eu ia até ao abrigo para vê-la, e a cada visita Naty se mostrava extremamente carinhosa, mas ao mesmo tempo estabelecia uma distância emocional, permitindo-me chegar até um certo ponto e deixando claro que havia barreiras que eu não poderia ultrapassar.

Compreendi que a única maneira de trazê-la para casa seria convidando todas as adolescentes do abrigo para virem junto. Essa ideia se concretizou, e, em pouco tempo, me tornei madrinha de cinco jovens institucionalizadas. Mensalmente, elas vinham até a nossa casa, e o ambiente se transformava em um verdadeiro festival de risadas e alegria. Os dias que passávamos juntas eram repletos de diversão e cumplicidade, criando memórias que aqueciam nosso coração. O cheiro do bolo e as gargalhadas ressoando pela casa se tornaram parte da nossa rotina, preenchendo os espaços que nem sempre eram usados. Cada encontro trazia uma nova oportunidade de conexão, e percebi que aos poucos Naty começava a relaxar, permitindo que a luz da nossa amizade iluminasse os cantos escuros criados pelos muros que ela erguera ao seu redor.

Em um sábado à tarde, fui palestrar para os candidatos à adoção em Indaiatuba, compartilhando histórias de superação e resiliência com Flávia. Enquanto eu falava, lancei um olhar para o fundo do salão e, para minha surpresa, avistei Naty. Seu olhar estava triste e distante, como se um véu de melancolia a envolvesse. Ela havia ido me encontrar de surpresa, mas ficou à sombra, assistindo a tudo. Percebi que nossa história a impactava profundamente; sentia que ela se questionava se algum dia teria um lar de verdade.

Naty sempre demonstrou um grande desejo de ser adotada. Quando passou pelo processo de destituição do poder familiar, ela chegou a pedir ao juiz que a ajudasse a encontrar uma família. No entanto, seu comportamento, acentuado por constantes crises de depressão, fez com que uma profissional lhe dissesse que nunca seria adotada, que era impossível alguém querer uma jovem considerada "problemática". Quando soube disso, uma tristeza profunda me invadiu; pude sentir, como se fosse minha, a dor que Naty experimentou ao ouvir palavras tão cruéis.

Pouco tempo depois, Naty entrou em uma nova crise de depressão. O medo do momento de saída do abrigo, que se aproximava rapidamente, somado a uma desilusão amorosa, a atingiu em cheio. Em um ato impulsivo, ela abandonou o emprego e começou a se afundar em um ciclo de desespero. Assim que soube da sua situação, corri atrás dela, tentando oferecer ajuda, mas Naty, de novo, fez de tudo para me afastar. Muitas vezes, eu me questionei: por que insistia tanto nela? E, em resposta, a voz dentro de mim sussurrava: porque ela merece que alguém se importe.

Mesmo com suas tentativas de distanciamento, continuei tentando. Por fim, um dia tive uma ideia: buscá-la na escola de surpresa. Fui até Maurício e disse:

— Amor, vou na escola da Naty hoje.

Ele me olhou e sorriu, como se entendesse o quanto isso significava para mim. Às dez e quarenta da noite, lá estava eu, na frente da escola, esperando a dona Naty. Quando ela me viu, seu sorriso iluminou o ambiente, e seus olhos brilharam como estrelas em uma noite clara. Assim que entrou no carro, falei com um tom divertido:

— Tentar me afastar não vai dar certo! Sou teimosa demais para desistir de você.

Fomos em direção ao abrigo, conversando e rindo, como se o peso do mundo tivesse sido momentaneamente aliviado. Ao parar na frente da instituição, Naty conseguiu confessar algumas coisas que a feriam profundamente. Pela primeira vez, ela declarou:

— Tia, eu preciso de ajuda.

Conversamos mais um pouco, e eu a acolhi do meu jeito brincalhão e bagunceiro, tentando deixar aquele momento leve e descontraído. Nos abraçamos, e eu brinquei:

— Naty, será que da próxima vez podemos ter essa conversa de dia? Mulher, olha a hora! Estou com sono!

Ela riu, e eu concluí, com um sorriso esperançoso:

— Você quer ficar um tempo lá em casa? Até tudo isso passar?

Naty aceitou, e no dia seguinte, com a autorização do abrigo, fui buscá-la. Senti que, naquele momento, um novo capítulo estava prestes a começar para nós duas.

Eu e Maurício havíamos sido convidados para ser padrinhos de casamento de um casal de amigos, e o desafio que me aguardava era encontrar um vestido cor-de-rosa perfeito. Como Maurício estaria de folga naquela semana, decidimos ir a São Paulo juntos, levando também Flávia e Naty. O dia prometia ser superdivertido e leve, e realmente foi.

Nesse dia, Naty vestia uma calça confortável e um camisetão, seu cabelo estava desleixado, e seu olhar, carregado de tristeza. Era impossível, após tudo que havia vivido com Flávia, não perceber que aquele comportamento comunicava as dores imensuráveis que ela carregava dentro de si. Maurício também notou e, com um olhar solidário, comentou:

— Ela é tão linda e tão querida, uma pena que ainda não se deu conta disso. É de partir o coração.

Recebê-la em casa foi uma experiência surpreendentemente leve: não parecia uma visita, mas sim alguém que sempre esteve entre nós. Naty parecia estar confortável na maioria dos momentos, exceto durante as refeições. A princípio, pensei que ela tivesse vergonha de comer na presença de outras pessoas, mas a curiosidade me levou a perguntar:

— Naty, vejo você triste às vezes, na hora das refeições, por exemplo. Tudo bem, princesa?

Ela abaixou a cabeça, respirou fundo e respondeu, com a voz trêmula:

— Eu nunca sentei numa mesa com a minha família. Olho para vocês e não consigo disfarçar o quanto isso me fez falta na vida.

Fiquei extremamente tocada com essas palavras e comentei com Maurício, que também ficou profundamente triste. Após essa revelação, Naty pediu para retornar ao abrigo e, com uma dor no coração que parecia insuportável, concordei em levá-la embora no dia seguinte. Naquela noite mesmo, ainda com o coração partido, compartilhei com Maurício minha preocupação com Naty. Estávamos no quarto, a sós, e ele andava de um lado para o outro, inquieto, como se quisesse dizer algo, mas não encontrasse coragem. Finalmente, em um sussurro, ele falou:

— E se a gente adotasse a Naty?

Minha empolgação foi impossível de conter.

— Ouvi direito? Você quer adotar a Naty? Eu aceito! Eu aceito!

Maurício olhou para mim, surpreso, e riu, um riso que misturava incredulidade com alegria:

— Você já tinha essa intenção?

Respondi, com um brilho nos olhos:

— É estranho, Gordo, mas eu olho para ela e vejo uma filha. Para ser sincera, sinto isso desde a primeira foto que tiramos juntos, mas tinha prometido a você que não teríamos mais filhos, por isso não disse nada.

Ele assentiu, com um olhar que transmitia entendimento:

— Eu também senti o mesmo quando vi aquela foto. Somos dois loucos, mas vamos lutar pela Naty.

Naquele momento, a esperança floresceu como uma luz que se acendia em meio à escuridão.

No mesmo dia, liguei para a psicóloga do abrigo e expliquei nosso desejo de adotar Naty, perguntando qual seria o caminho a seguir. Nossa maior preocupação era que a habilitação na nossa cidade costumava levar mais de um ano para ser concluída, e Naty estava prestes a completar 17 anos e 5 meses, o que significava que o tempo estava se esgotando. A psicóloga nos pediu um tempo para conversar com a promotora do caso.

Decidimos não contar nada a Naty naquele momento e a levamos de volta ao abrigo. Três dias depois, recebemos a resposta da promotora, que nos trouxe uma onda de alívio e esperança. Comentou que, considerando que já tínhamos um vínculo com Naty e que ela estava próxima de sair do abrigo, poderíamos solicitar a adoção por vínculo, o que tornaria o processo mais rápido. No entanto, ainda precisaríamos passar por algumas entrevistas psicossociais.

Para dar continuidade ao processo, duas coisas eram essenciais: Naty tinha que concordar com a adoção, e precisaríamos comprovar a existência desse vínculo prévio. A felicidade tomou conta de nós, e decidimos chamar nossos filhos para uma conversa. Compartilhamos nosso desejo e pedimos que eles expressassem como se sentiam a respeito. Estava especialmente preocupada com Flávia, que já havia manifestado várias vezes que não queria mais irmãos. Contudo, quando lançamos a pergunta, ela foi a primeira a responder, surpreendendo a todos:

— Mãe, acho que a Naty merece conhecer o amor. Eu ficaria feliz se ela fosse minha irmã.

As outras crianças concordaram imediatamente, e eu senti um orgulho imenso deles; foi um momento lindo e cheio de emoção.

Estávamos prestes a embarcar numa viagem em família rumo a um hotel-fazenda incrível e pedimos autorização para levar Naty. Ela ficou superanimada com a ideia. Enquanto arrumava suas malas, a equipe técnica do abrigo entrou no quarto e falou:

— Naty, temos algo importante para te contar e queremos saber a sua opinião.

Naty nos contou que, no momento em que ouviu essa frase, já começou a se emocionar. A psicóloga, com um tom suave, comentou:

— Seus padrinhos gostariam de te adotar. Você aceita?

Em meio a lágrimas, ela respondeu com fervor:

— Sim! Sim! Eu senti que essa seria uma das minhas últimas malas. Não consigo descrever, mas senti.

Com a resposta positiva de Naty e os relatórios que comprovavam nosso vínculo, formalizamos o pedido de adoção. Quando fomos buscá-la para viajar conosco, foi um momento estranho e mágico. Desci do carro, fui até ela e, um pouco sem graça, disse:

— Oi, princesa, quer dizer, filha. Pronta para se divertir? Me desculpe, mas vou precisar de um tempo para me acostumar a esses novos títulos. Então, não se preocupe com como vai me chamar, fique à vontade. Nossa vida juntas está só começando.

Demos um abraço e partimos rumo ao hotel. O final de semana foi muito legal, mas percebi que Naty tentava ficar o mais distante possível de nós. Ela parecia ter medo, e isso nos deixou em alerta. Seu humor oscilava muito ao longo do dia, o que tornava tudo ainda mais complicado. Curiosamente, ela teve mais facilidade em chamar Maurício de pai do que eu de mãe.

No último dia da viagem, nós nos sentamos com ela para uma conversa franca. Apresentamos as regras da nossa casa, enfatizando que a vida não seria um conto de fadas e dando a ela a oportunidade de escolher estar conosco ou não. Eu sabia que Naty tinha fugido algumas vezes do abrigo, então toquei nesse assunto de forma direta:

— Naty, em casa, não vai ser legal essa história de ficar brava e fugir. Precisamos deixar claro que isso terá consequências.

Ela ficou pálida e assustada, olhando fixamente para mim, então continuei:

— Sei que você não tem medo da polícia, por isso não adianta chamá-los para te procurar. Mas você conhece um megafone?

Ela, ainda assustada, balançou a cabeça afirmativamente, e eu prosseguí:

— Se você fugir, vou alugar um carro daqueles que vendem ovos e sair pela cidade inteira dizendo: Natália, volta para casa agora!

Ela parou, olhou para Maurício e começou a rir. Meu marido, com um sorriso brincalhão, disse:

— Que foi? Está me perguntando se ela seria capaz de fazer isso? A resposta é sim! Não duvide dessa maluca!

Naty me olhou e, com uma expressão divertida, respondeu:

— Megafone é pesado, imagina a vergonha! Tô fora!

Nesse momento, a tensão se dissipou um pouco e, apesar das dificuldades, percebi que estávamos criando laços que poderiam nos unir ainda mais. Naty retornou para o abrigo, mas três dias depois estava de volta à nossa casa.

Na sexta-feira seguinte, por volta da hora do almoço, recebemos a notícia de que a guarda provisória estava prestes a ser emitida, mas antes precisaríamos passar por uma entrevista no fórum. O problema era que teríamos que aguardar chegar à nossa casa o ofício marcando essa entrevista, que provavelmente ocorreria na semana seguinte, na exata semana em que Maurício viajaria a trabalho. A preocupação em perder essa oportunidade me levou a ligar para meu marido, pedindo que ele voltasse para casa o quanto antes, pois eu planejava algo inusitado.

Ele concordou e, às 15h30, chegou em casa. Não perdi tempo e imediatamente pulei no carro junto com Naty, dizendo:

— Corre para o fórum!

Ele, sem entender nada, seguiu minhas instruções. O horário estava apertado, pois o fórum fecharia em uma hora. Quando chegamos perto do local, pedi a Maurício para me deixar com Naty e ir procurar uma vaga para o carro enquanto nós corríamos a pé. De mãos dadas, avistei de longe um assistente social e, enquanto corríamos, gritei:

— Eu preciso falar com o senhor! Por favor, atende a gente rapidinho!

O assistente social ficou em choque, sem entender nada, e apenas conseguiu balançar a cabeça em sinal de concordância. Ao entrar no fórum, completamente descabelada e ofegante, não pude deixar de notar que os guardas estavam achando a maior graça de tudo. Após passar pela revista, fui em direção ao assistente social, que, com um olhar incrédulo, comentou:

— Você deve ter um assunto muito importante para vir aqui desse jeito em uma sexta-feira, no final do expediente.

Com um sorriso no rosto, respondi:

— É, é muito importante! Preciso da sua ajuda para que minha filha possa ir oficialmente morar com a gente.

Ele olhou para mim, claramente confuso, pois não me conhecia e não tinha ideia do nosso processo. Naty, com um brilho nos olhos, apenas ria e dizia:

— Mãe, você é muito louca.

O assistente social nos encaminhou para a sua sala e, antes que ele pudesse dizer qualquer coisa, já comecei a me apresentar e a atualizar sobre o nosso pedido de adoção da Naty. O espanto dele era evidente; ele deve ter achado que eu era completamente maluca.

Depois de explicar tudo, pedi:

— Eu sei que seu expediente já acabou e que sou muito atrevida por estar aqui, mas não vamos conseguir comparecer na próxima semana. Só que a Naty esperou muito por esse momento. Ajude a gente, por favor.

Ele abriu o computador e começou a procurar o ofício que seria emitido, constatando que, para dar continuidade à guarda provisória, um membro da equipe técnica do fórum teria que fazer um relatório. Então, começou a fazer algumas perguntas. Logo na primeira, cometi um baita fora:

— Qual a sua naturalidade? — perguntou ele.

Respondi sem pensar:

— Brasileira.

Naty deu uma gargalhada e me corrigiu:

— Mãe, isso é nacionalidade e não naturalidade...

Comecei a rir junto com ela, e o assistente social ficou ali parado, perplexo, observando nossa interação. Nesse momento, Maurício chegou e se apresentou. O assistente social, já começando a se divertir com a situação, falou:

— Vou fazer o relatório. Para mim já está claro que vocês têm vínculo. Eu nunca fiz isso antes. Costumo fazer relatórios superelaborados, mas esse será breve, para que vocês consigam registrá-lo no cartório ainda hoje.

Maurício saiu correndo para o cartório e, dez minutos antes de fechar, conseguimos registrar o documento. Quatro dias depois, recebemos a notificação de que a guarda provisória seria emitida. Foi uma emoção indescritível, como se o universo estivesse conspirando a nosso favor.

No dia seguinte, nossa princesa chegou em casa com duas malas, um sorriso radiante e um desenho cuidadosamente guardado nas mãos. Parados em frente à casa, Naty abriu o desenho e, com uma alegria contagiante, exclamou:

— Lembra desse desenho, mãe?

Era o desenho do seu rosto, aquele sem nariz, o mesmo que nos uniu pela primeira vez. Uma onda de emoção me invadiu, e, naquele instante, uma nova jornada começou. Uma jornada que, embora repleta de alegrias, também traria inúmeros desafios.

Naty demorou a confiar e a se entregar completamente a nós; passamos também por muitas lágrimas, dúvidas e temores ao longo do caminho. Nossa história com a Naty é a prova viva de que o amor é, de fato, a arma mais poderosa que carregamos.

O início da adaptação foi surpreendentemente suave. Confesso que me senti desconcertada, pois esperava os mesmos desafios da nossa primeira adoção. Tudo parecia perfeito: ganhamos uma filha doce, meiga e obediente, como num conto de fadas. Poucos meses após sua chegada, Naty conseguiu uma bolsa de estudos na faculdade. Cheia de sonhos, nossa menina estava vivendo experiências que jamais imaginara enquanto nós nos emocionávamos ao ver tudo isso se concretizando.

Entretanto, aquele foi também um dos períodos mais difíceis da minha vida. Estava completamente sobrecarregada com as demandas de trabalho, vivendo à beira de um *burnout*, e o que mais me devastou foi o julgamento implacável e cruel nas redes sociais. A divulgação da adoção da Naty trouxe uma onda de haters que destilaram ódio em nossa vida. A enxurrada de mensagens acusatórias, com teorias de que nossa filha roubaria meu esposo ou se tornaria nossa escrava, e o título de "Fernanda Flordelis", em alusão ao caso da pastora que tinha adotado muitas crianças no Rio de Janeiro, começaram a me destruir por dentro. Sem perceber, comecei a ser consumida por crises de ansiedade cada vez mais intensas. Minha saúde se deteriorou depressa, com alterações nos exames e até uma suspeita de câncer surgindo no caminho. Estava completamente perdida de mim mesma. Foi um período profundamente devastador.

Esse contexto me deixou desatenta, irritada. E, sem saber, isso se refletiu dentro de casa, tornando-se um gatilho para Naty. De maneira sutil e quase imperceptível, ela começou a entrar em crise psíquica, que se assemelhava a uma dissociação. O presente e o passado se misturaram, e Naty passou a reviver suas experiências traumáticas como se fossem reais. Tudo o que acontecia em nossa casa ela entendia de uma forma distorcida e se via o tempo todo em perigo.

Nesse período, Naty começou a trabalhar, algo que ela tanto desejava, e, com isso, passou a ficar cada vez mais tempo distante de nós. Seu comportamento começou a mudar, ela se tornou mais triste, mais isolada. Foi quando percebemos que algo estava errado. Conversando com Naty e com pessoas próximas a ela, descobrimos que, de alguma forma, nossa filha havia criado histórias em que dizia viver situações de maus-tratos dentro de casa. Foi um choque! Fiquei sem chão. Como assim, maus-tratos?

Percebemos que Naty tomava situações reais do nosso cotidiano e as transformava em narrativas completamente distorcidas. Diante disso, precisei buscar ajuda da equipe técnica do abrigo, e foi a melhor decisão que tomei. Recebi acolhimento e soube que essa não era a primeira vez que Naty passava por algo assim. Era tudo muito confuso e assustador. Eu e Maurício então nos sentamos para uma conversa difícil com ela, que revelou as histórias criadas. O mais surpreendente foi perceber que ela realmente acreditava em tudo o que dizia, e, quando tentávamos mostrar a verdade, ela ficava perplexa, sem entender.

Foi nesse momento que entendemos que não havia maldade em suas palavras. Naty não estava tentando nos magoar, ela realmente vivia aquilo como se fosse real. Chegou a pedir para ir embora de casa, e confesso que, em um momento de fragilidade, senti vontade de deixá-la partir. Eu temia pela nossa família, pelos nossos outros filhos. Ela já tinha 18 anos, e a situação tinha sido muito grave. Maurício e eu estávamos destruídos, era uma dor insuportável. Mas fomos fortes em nosso propósito e não desistimos dela. Respiramos fundo, demos tempo para nossas mentes e corações se acalmarem.

Naty já fazia acompanhamento psiquiátrico, mas senti a necessidade de buscar alguém com mais experiência no processo de adoção. Foi quando recorri à Dra. Julie, a mesma médica que acompanhou a Flávia no início da adoção. Na manhã da consulta, acordei cedo, tomei banho e fui pentear o cabelo na frente do espelho. Lembro-me de olhar meu reflexo e começar a chorar, sem parar. Em um momento de desespero, comecei a conversar comigo mesma, dizendo:

— Você também vai abandonar a Naty? Ninguém nunca lutou por ela. Você é a mãe dela, não se esqueça disso.

Não consegui responder nada, apenas balançava a cabeça, negando. Minutos depois, com a voz embargada, finalmente falei:

— Naty é minha filha, não importa o que aconteça. Nunca vou desistir dela. O amor transforma.

Enxuguei as lágrimas, entrei no carro, e fomos para Campinas. A consulta foi um alívio. Dra. Julie nos acolheu com muito carinho e nos ajudou a compreender a profundidade dos traumas de Naty. Começamos a investigar outras possibilidades diagnósticas, mas a médica também nos alertou de que tudo o que Naty estava vivendo poderia ser reflexo dos muitos traumas que ela havia sofrido na infância, e talvez levassem anos para termos um diagnóstico claro.

Durante toda a consulta Naty estava visivelmente triste e abatida. Sua consciência começava a voltar para a realidade, e ela não conseguia entender o que havia acontecido, sentindo-se culpada por tudo. Quando saímos do consultório, eu a abracei e disse:

— Filha, não sei lidar com tudo isso. Me perdoe! Estou falhando com você. Mas quero que saiba que eu te amo e nunca vou desistir de você. Vamos fazer tudo o que for possível para te ajudar. E, a partir de hoje, quando olharmos para tudo o que aconteceu, vamos olhar com os olhos da vitória, de quem superou mais uma batalha na construção do vínculo. Nada disso vai definir nosso relacionamento.

Naty chorou muito e pediu perdão repetidamente. A partir daquele dia, tudo mudou. Nossa relação se fortaleceu, e o vínculo que tanto esperávamos enfim se concretizou. Naty nunca mais teve uma crise como essa, mas segue em atendimento médico e psicológico, se fortalecendo mais e mais a cada dia. Embora tenha sido uma das experiências mais difíceis da minha vida, sou grata por ela, pois foi através desse desafio que nosso vínculo se firmou, e hoje temos mais uma filha e uma família mais fortes do que nunca.

Embora não estivesse nos nossos planos ampliar a família naquele momento, Deus, de forma surpreendente, nos presenteou com mais um capítulo dessa linda história de amor, apenas 1 ano e 7 meses após a chegada de Naty. Ele, com Suas surpresas, nos conduziu por caminhos inesperados, mas que, de algum modo, faziam todo o sentido. Percebemos que a nossa jornada estava longe de terminar, e, apesar dos desafios, estávamos prontos para abraçar tudo o que viria. Com o coração fortalecido, demos o próximo passo, confiantes de que, como sempre, o amor seria capaz de nos guiar através de qualquer obstáculo. Assim, começamos um novo capítulo, com a certeza de que nossa história estava sendo escrita de maneira única e inesquecível.

Capítulo 15

A FAMÍLIA AUMENTOU

Todos os anos, nossa família faz uma viagem ao litoral de São Paulo. É uma tradição que já se tornou parte de quem somos, repleta de risadas, momentos de diversão e lembranças que guardamos com muito carinho. Aproveitamos cada segundo juntos, e, independentemente de tudo, sempre é uma experiência inesquecível.

Em novembro de 2024, já estávamos em Ubatuba havia alguns dias. Eu me lembro de ter passado horas observando meus filhos à distância. Eles corriam de um lado para o outro, cheios de alegria, como se a felicidade fosse a coisa mais natural do mundo. Aquela cena preencheu meu coração de uma forma inexplicável, um amor profundo, como se tudo o que eu precisasse estivesse ali, refletido em seus sorrisos. Fiquei emocionada mais de uma vez.

Fui olhar as redes sociais para passar o tempo. Foi quando vi a foto de um garoto sorridente. Algo em seu olhar chamou minha atenção, e um impulso me fez ler a legenda que acompanhava a imagem: "Sou um menino esforçado e trabalhador. Gosto de ir à igreja. Estou me dedicando aos estudos e gostaria muito de ter uma família que me apoiasse."

Uma sensação forte e inexplicável tomou conta de mim. Era como se eu estivesse ouvindo o Emanuel falar aquelas palavras diretamente ao meu coração. Embora não entendesse por completo, algo dentro de mim dizia que as coisas estavam prestes a mudar. Mostrei a foto para o Maurício e para as crianças, com um sorriso no rosto, e disse:

— Ele é a nossa cara.

Todos riram, e Maurício, com seu jeito descontraído, respondeu:

— Não inventa, hein...

Sorri de volta, mas havia uma tranquilidade em mim, como se eu soubesse exatamente o que fazer. Falei:

— Fica tranquilo.

Mas Emanuel não saía mais da minha mente. Orava todos os dias pedindo a Deus que acalmasse meu coração e que cumprisse Sua vontade em nossa vida. Então comecei a me questionar: por que eu queria adotar o Emanuel? Quais eram minhas reais motivações?

Alguns dias se passaram, e, à primeira vista, tudo parecia tranquilo. No entanto, comecei a acordar dia após dia exatamente às três da manhã, sempre pensando em Emanuel. Em oração, pedi a Deus que me desse descanso e clareza para entender o que estava acontecendo. Era loucura querer mais um filho, principalmente agora que tudo estava bem. A adaptação havia finalizado, e estávamos vivendo em paz. Mas, ainda assim, continuava a acordar no meio da noite, com o coração acelerado, pensando nele.

Foi então que tomei uma decisão. Decidi conversar com o Maurício sobre o que estava sentindo. A respiração estava entrecortada, mas falei com sinceridade:

— Li, sinto algo muito especial pelo Emanuel. Eu quero ser a mãe dele.

Maurício me olhou surpreso e riu.

— Ah, não acredito... Eu sabia que você diria isso.

Eu sorri, mas comentei com calma:

— Eu sei que parece loucura, mas ora a Deus e pensa a respeito. Pode ser?

Ele concordou com a cabeça, ainda sorrindo, embora com um semblante desconfortável. Naquele mesmo dia, tentei falar sobre o assunto com Naty e Tata. Lembro-me de ter perguntado:

— Meninas, como vocês se sentiriam se adotássemos um garoto mais velho? Como seria para vocês?

As duas sorriram imediatamente e, sem hesitar, responderam que não se sentiriam mal. Tata, então, acrescentou:

— Mãe, a gente já estava esperando você dizer isso. É o Emanuel, não é? O garoto da foto da praia?

Naty, com um sorriso tranquilo, completou:

— Mãe, a gente sabe que nossa família não vai parar por aqui.

Tata continuou:

— Eu e a Naty conversamos muito sobre isso. Uma professora da escola me disse algo que me tocou profundamente. Ela perguntou se eu tinha ideia da quantidade de amor que existe em nossa família. Não entendi de imediato, mas ela colocou a mão nos meus braços e afirmou que, um dia, eu entenderia. Aquela fala mexeu comigo, e desde então tenho refletido sobre isso. Amamos tanto que não podemos manter tudo só para nós.

Fiquei emocionada, mas tentei disfarçar. Respirei fundo e respondi:

— Então, vamos orar e esperar que tudo se encaixe.

Nos dias seguintes, conversei com os meninos também, observando suas reações à ideia de nossa família crescer. Mas, todas as noites, eu seguia acordando às três, sem nenhuma explicação lógica para isso. Até que, em uma noite, Maurício me convidou para sair para jantar. Era uma quinta-feira, e a chuva caía suavemente. Sentamos em um gastrobar que adorávamos. Eu estava inquieta, querendo perguntar se ele já havia tomado uma decisão, mas ao mesmo tempo não queria pressioná-lo. Ele me olhou nos olhos, com um tom sereno, e questionou:

— Por que o Emanuel?

Respondi com toda a sinceridade:

— Não consigo explicar direito, mas sinto que ele é nosso filho. E estou disposta a viver tudo de novo por ele.

Maurício ficou em silêncio, pensativo.

— Já passamos por tantas coisas... Foi tão difícil chegar até aqui! Eu me preocupo com os desafios que teremos que enfrentar novamente. Você já sofreu muito, nós sofremos. Além disso, vamos precisar trocar de carro, há tantos outros custos. Vamos ter que reduzir nosso padrão de vida de novo. Você sabe disso, né?

Respirei fundo.

— Sei. Tenho refletido muito sobre o que quero e estou disposta a enfrentar o que vier. Mas preciso ter certeza de que você também está. Manu tem 17 anos, e acredito que teremos muitas complexidades pela frente. A adaptação será difícil, e eu preciso de você ao meu lado, lutando comigo.

Ele respirou fundo, me olhou com um sorriso tranquilo e disse:

— Seremos os pais do Emanuel, se assim Deus nos permitir.

Eu não consegui conter a felicidade que me invadiu. Propus que voltássemos para casa, chamássemos nossos filhos, conversássemos sobre isso e, se todos estivessem de acordo, poderíamos preencher o questionário, orar juntos e enviar. Foi o que fizemos, e às 22 horas concluímos o processo.

No dia seguinte, conversei com um amigo que havia adotado recentemente um jovem através da Comissão Estadual Judiciária de Adoção do Estado de Pernambuco (Ceja-PE), um programa de busca ativa por onde são divulgadas fotos de crianças e adolescentes com poucas chances de adoção. Ele me disse que, feita a requisição, a resposta demoraria de uma a duas semanas. Eu estava tranquila, mas, ao mesmo tempo, incomodada por continuar acordando todas as madrugadas. Na quarta-feira seguinte, finalmente consegui dormir a noite inteira e senti uma paz indescritível.

Por volta do almoço, no outro dia, notei que a foto do Manu havia sido removida do perfil do Ceja-PE. Fui logo checar o meu e-mail, mas não havia nenhuma mensagem. Fui até o quarto, me ajoelhei e pedi a Deus que trouxesse paz ao meu coração, cuidando do Manu com seu olhar protetor. Uma tristeza suave e profunda tomou conta de mim, pois sabia que aquilo não era apenas uma sensação momentânea, mas algo que tocava minha alma de verdade. Dei almoço às crianças, entrei no carro e fui levar a Naty ao médico, em Campinas. Durante o trajeto, o alerta de chegada de um novo e-mail soou. Olhei rapidamente e vi que era do Tribunal de Justiça de Pernambuco (TJPE). Pedi que Naty lesse a mensagem em voz alta, afinal eu estava dirigindo. Quando ela começou a ler, não consegui conter as lágrimas de emoção. Estávamos sendo convocados para uma entrevista com a equipe técnica responsável pelo processo do Manu.

No dia seguinte, a ansiedade tomou conta de nós. Às 15 horas, tivemos uma reunião por vídeo com a equipe técnica da Vara da Infância e da Juventude da cidade onde nosso filho morava, além da equipe da Casa de Acolhimento. Eles foram completamente sinceros conosco, compartilhando todos os detalhes sobre Manu. Ainda assim, decidimos continuar com o processo, e fiquei impressionada com a segurança e confiança que Maurício demonstrou. A felicidade que senti foi imensa, pois sabia que, com ele ao meu lado, tudo se encaixaria. Marcamos nossa primeira videochamada com Manu para a terça-feira seguinte.

Nesse dia, também soubemos que Manu havia tentado iniciar uma aproximação com outra família antes de nós, mas, infelizmente, não deu certo. O mais fascinante foi descobrir que o dia em que a família oficializou a desistência foi a primeira noite que consegui dormir inteira. E aquele questionário que havíamos preenchido apareceu para a equipe técnica minutos depois de saberem da desistência dessa primeira família.

No final de semana, consegui criar coragem para contar à minha mãe. Estava nervosa, com medo de que ela desaprovasse. Então, disse com hesitação:

— Mãe, eu sei que parece loucura, mas nossa família vai aumentar.

Ela, com um olhar curioso, perguntou:

— Vocês vão adotar novamente?

Com a voz embargada pela emoção, respondi:

— Sim! Nosso filho se chama Emanuel, ele tem 17 anos e é pernambucano.

Minha mãe começou a rir, e eu, surpresa, questionei:

— O que foi? Não vai brigar comigo?

Ela falou, com um sorriso acolhedor:

— Não, você sempre foi diferente. Nada mais me surpreende. Emanuel será bem-vindo. Estou ansiosa para conhecê-lo.

Suas palavras tocaram meu coração de forma profunda.

Finalmente chegou o dia tão esperado da videochamada e, ansiosos, nos reunimos para conhecer nosso filho. As crianças estavam empolgadas, mas também apreensivas. Manu entrou tímido, sem falar muito, com um semblante sério e visivelmente desconfortável. Não sabíamos exatamente como conduzir a conversa, então falávamos o que nos vinha à mente, sem um roteiro. Acabamos fazendo piadas e brincadeiras em família, e Manu começou a rir, sem parar. Uma hora depois, encerramos o encontro e marcamos uma nova conversa para o dia seguinte. No segundo encontro, fomos surpreendidos quando Manu, com um sorriso tímido, disse:

— Oi, mãe, como a senhora está? Passou bem de ontem para hoje?

Fiquei sem palavras, sem esperar que ele me chamasse de mãe tão cedo. Eu pensava que levariam meses para que isso acontecesse. Mas, a partir daquele momento, ele nunca mais parou de me chamar de mãe. Foram cinco encontros virtuais que, ao mesmo tempo, eram difíceis para todos nós, principalmente para Manu, um garoto muito reservado. Muitas vezes, a conversa ficava só entre nós.

Durante esse período, Maurício e eu nos apressamos para organizar nosso encontro com ele. As passagens aéreas estavam caras devido à alta temporada, mas não desistimos. Fizemos alguns ajustes no orçamento e, no dia 10 de dezembro, saímos de casa às 3 horas da manhã, em direção a São Paulo e depois Recife. Chegando lá, alugamos um carro e percorremos mais alguns quilômetros até a cidade onde Manu estava acolhido.

O primeiro encontro foi intenso e um pouco desconfortável para todos nós. Embora Manu estivesse ansioso e receptivo para nos conhecer, estava claramente assustado e preocupado. A equipe do abrigo nos recebeu com muito carinho e nos conduziu até um local reservado para aguardarmos. Quando Manu terminou de se arrumar, nos levantamos e ficamos esperando. Ele apareceu, caminhando apressado, com um leve sorriso no rosto, e, quando chegou bem perto de mim, me deu um abraço tímido. Segurei seu rosto e lhe disse que estava tudo bem, que tudo ficaria mais leve a partir dali. Ele sorriu e foi abraçar o pai. Não havia lágrimas, nem grandes expressões de emoção. Era claro que nosso filho estava apavorado, e isso mexeu profundamente conosco.

O abrigo gentilmente nos convidou para almoçar e nos serviu uma deliciosa galinhada em um espaço reservado. Sentamos em uma mesa, tentamos conversar, mas Manu não dizia uma palavra. Ele apenas balançava a cabeça em sinal de sim e não. Não sabíamos o que fazer, então decidimos ir até Porto de Galinhas, que ficava a cerca de uma hora e meia de onde estávamos. Durante a viagem, Manu permaneceu em silêncio. Encontramos uma pousada simples e resolvemos pegar um quarto só para ele. Fizemos um passeio até o Pontal, um local onde o mar e o rio se encontram, para assistir ao pôr do sol. Sentamos à beira do rio, tentamos conversar com Manu, mas ele continuava em silêncio. Comecei a me desesperar, e Maurício trocou olhares comigo, demonstrando preocupação.

À noite, fomos jantar e, na inocência, esquecemos que Manu ainda não sabia ler. Maurício entregou-lhe o cardápio e disse:

— Filho, pode escolher o que você quiser.

Manu, desconcertado, respondeu:

— Pode ser hambúrguer.

Jantamos em silêncio, e naquela noite eu dormi inquieta, orando para que Deus nos ajudasse a construir uma amizade verdadeira com nosso filho. Na manhã seguinte, Manu estava com um olhar triste e não quis comer quase nada. Entrei em contato com a equipe técnica, pedindo orientações sobre como me aproximar dele. Foi quando percebi que talvez a pousada não fosse a melhor escolha. Manu vinha de uma situação de vulnerabilidade social, e tudo aquilo era muito novo e desconfortável para ele.

Passamos o dia na praia e decidimos dar espaço a Manu, tentando ser mais naturais e menos insistentes. À noite, retornamos à cidade do abrigo, pois no dia seguinte teríamos a audiência. No caminho, encontramos uma gatinha filhote, com um dos olhos feridos, e a levamos a um veterinário. Manu apenas observava, sem demonstrar qualquer reação. No outro dia, acordamos cedo e fomos à audiência, que transcorreu bem. Tínhamos recebido a guarda provisória!

No final daquela tarde, Manu estava mais animado e falou umas dez palavras conosco. Fiquei muito feliz. Brincamos juntos, rimos e aproveitamos a piscina. Na sexta-feira, o abrigo organizou uma pequena festa de despedida para Manu, e foi muito emocionante. Mas, diferentemente do dia anterior, ele estava triste e calado de novo. Não foram dias fáceis para nós. O medo de como seria nossa adaptação pairava no ar.

Após cinco dias de viagem, chegou o dia de voltarmos para casa, e a saudade dos nossos outros filhos nos consumia. Fomos para Recife, de onde sairia nosso voo. Aproveitamos o tempo livre e passamos no shopping para comprar itens do enxoval de Manu. Ele permaneceu calado e com o semblante fechado, sem um sorriso sequer. O máximo que conseguíamos enxergar era tristeza em seu olhar.

Durante o voo, Manu se sentou ao meu lado, na janela. A ansiedade era tanta, que ele começou a suar frio e passava as mãos nas pernas sem parar. Quando o avião decolou, nosso filho disse:

— Tem que ser bom demais para fazer um negócio desse. Um dia falei para a minha prima que subiria em um avião.

Eu sorri, e ele continuou:

— A senhora tem quantos anos?

Comecei a rir sem parar e respondi:

— A gente está se conhecendo há 15 dias, e agora você me pergunta minha idade?

Ele sorriu e assentiu com a cabeça. Manu conversou durante toda a viagem, e eu, feliz, ouvi cada palavra.

Chegando em São Paulo, pegamos o carro e seguimos para nossa cidade. Estávamos exaustos, já eram 21 horas, mas, ao chegarmos em casa, fomos surpreendidos por uma festinha surpresa organizada pelos nossos filhos. Tata, Naty e Tatão haviam feito um delicioso bolo de chocolate. Bibi e Tutu encheram as bexigas e prepararam a mesa. No fundo, havia uma lousa com a mensagem: *Seja bem-vindo à sua casa, Manu*. Foi um momento de muita emoção e orgulho para mim e Maurício.

Os dias que se seguiram foram de construção. Manu se sentiu bastante à vontade com os irmãos e, no dia seguinte, já começou a se soltar. Eu e Maurício decidimos não forçar uma aproximação. Vivemos um dia de cada vez, da maneira mais natural possível, e essa foi a melhor decisão que tomamos. Na primeira semana, Manu trocava no máximo dez palavras conosco. Na segunda, ele já estava mais comunicativo, até que, do nada, se soltou completamente. Percebemos que ele não era nada reservado. Pelo contrário, Manu é um garoto divertido e falante, do jeitinho que nós somos.

Esse foi apenas o início de uma jornada cheia de descobertas e construção, guiada por amor, paciência e esperança. Cada dia ao lado de Manu trouxe um passo mais perto de um vínculo profundo, um processo que, com o tempo, curaria as feridas do passado e transformaria nosso coração. Sabíamos que, com o apoio de Deus, nosso caminho seria iluminado por uma história que Ele mesmo escreveu para nós, uma história que tem sido vivida com fé, resiliência e amor.

Quem diria que a menina sonhadora e frágil que começou este livro se tornaria a mãe mais realizada e feliz deste mundo todinho? E, enquanto viramos mais páginas dessa jornada, a certeza de que novos desafios e alegrias nos aguardam nos lembra que essa história ainda está apenas começando.

AGRADECIMENTOS

Escrever este livro foi como abrir caixas antigas de lembranças. Revivi sonhos que pareciam distantes, lágrimas silenciosas de quem esperou anos por filhos, momentos em que achei que não ia suportar... e também gargalhadas que hoje ecoam pela casa. Nada disso teria acontecido sozinha.

Antes de tudo, agradeço a Deus, *o verdadeiro autor da nossa história*. Foi Ele quem me amou quando eu me sentia perdida, quem segurou minha mão quando achei que tudo estava caindo ao meu redor e quem escreveu capítulos muito mais lindos do que eu seria capaz de imaginar.

Ao Maurício, amor da minha vida e companheiro de todas as horas. Obrigada por sonhar comigo quando tudo parecia impossível e por construir, dia após dia, essa família que eu tanto esperei. Você é meu apoio seguro, minha força e meu lugar de descanso.

Aos nossos filhos, Flávio, Flávia, Fabrício, Arthur, Natália e Emanuel. Obrigada por se arriscarem a me amar, por me escolherem e por abrirem as portas do coração de vocês para que eu pudesse entrar. Obrigada por me permitirem ser mãe, mesmo quando isso significou enfrentar medos, desconfiar, testar e recomeçar muitas vezes. Vocês me ensinaram o que é amor corajoso, amor que insiste, que cuida e que fica. Vocês trocaram o meu nome por "mãe" e mudaram para sempre o sentido da minha vida.

Aos meus avós, Cidoca e Tonho, minha primeira escola de afeto. Em especial ao meu vô Tonho, que me amou além do sangue, me mostrou que o que faz uma família não é o DNA, mas a escolha diária de permanecer. Ele foi minha maior referência de amor e de constância, meu exemplo silencioso de que é possível amar profundamente sem precisar ter nascido da mesma história.

À minha tia Adriana, minha saudade eterna. Você deixou marcas profundas de carinho em mim, e essas marcas me guiam até hoje.

À minha irmã, Gabriela, paixão da minha vida, obrigada por ser porto seguro, riso fácil e coragem quando eu mais precisei.

Aos meus pais, Andréia e Wilson. Obrigada por todo o cuidado que sempre tiveram comigo, por me ensinarem, em cada gesto, que amar é estar presente, proteger e sustentar quando o caminho fica difícil. O cuidado de vocês me preparou para ser quem eu sou hoje.

Aos meus sogros, Elizabeth e Amauri, obrigada por todo acolhimento e carinho comigo e por sempre nos cobrirem em oração. Saudade eterna do meu sogrão, cuja presença firme e amorosa deixou marcas profundas no meu coração.

À Leny, amiga querida que nunca me abandonou mesmo quando a maternidade virou meu mundo de cabeça para baixo. Você é constância e abraço.

Ao Roberto, da Associação Abid. Obrigada por caminhar comigo nessa causa e se tornar um amigo tão querido. Seu incentivo e sua parceria fortaleceram minha luta para que mais crianças e famílias possam se encontrar.

À Késia e à sua família, que sempre foram inspiração para mim. Ter o seu depoimento neste livro é um presente que me emociona; obrigada por dividir sua história comigo.

À Renata Travain, que admiro tanto, obrigada por escrever o Prefácio com tanta sensibilidade e generosidade. Ter sua voz aqui é uma honra imensa.

Ao Gustavo, meu psicólogo. Você me ajudou a enxergar caminhos quando eu só via peso, a encontrar coragem quando eu só sentia medo. Muito do que sou hoje devo ao que aprendi com você.

A toda a equipe da Editora BestSeller, meu sincero agradecimento por cuidarem com tanto carinho de cada detalhe, respeitando a essência do que escrevi e trabalhando incansavelmente para que este livro chegasse às mãos dos leitores do jeitinho que eu sonhei.

A todos os amigos, profissionais e pessoas que cruzaram nosso caminho — seriam páginas e páginas para listar cada nome. Sintam-se abraçados aqui, dentro dessas palavras.

E aos nossos seguidores, que nos acompanham e fazem parte da nossa história. Cada mensagem, cada oração, cada torcida silenciosa me sustentaram em dias que ninguém viu. Vocês são incríveis, e eu amo ter vocês por perto.

A você, leitor, obrigada por entrar nessa história com o coração aberto, sem preconceitos e pronto para enxergar o amor onde ele nasce.

E, por fim, às crianças que ainda esperam ser encontradas: vocês são o motivo de cada página. Que este livro toque corações e ajude a multiplicar famílias.

Este livro foi composto na tipografia Perpetua, em corpo 13,25/16,5, e impresso em papel off-white no Sistema Cameron da Divisão Gráfica da Distribuidora Record.